Stephanie Kraft

Artischockentechnik

Stephanie Kraft

Artischockentechnik

Mit Bändern dekorieren

Tisch- und Raumschmuck
Schachteln

Augustus Verlag

Inhalt

Vorwort

Die Artischockentechnik erfreut sich immer größerer Beliebtheit, wobei die typischen »Schuppen«, die den artischockenähnlichen Effekt erzeugen, meist aus zugeschnittenen Stoffen oder breiten Bändern hergestellt werden.

In diesem Buch möchte ich Ihnen eine erweiterte Anwendungsmöglichkeit der Artischockentechnik zeigen und Sie ermutigen, mit Form und Material zu experimentieren. Da der Fachhandel inzwischen eine Vielzahl neuer Formen aus Styropor anbietet, ist es möglich, ganz verschiedene Modelle in dieser dekorativen Technik zu gestalten. Überraschen Sie Ihre Lieben doch einmal mit einer »Schachtel mit Herz«, oder bringen Sie zur Kaffee-Einladung eine selbstgemachte Rose mit. Zaubern Sie für sich selbst oder die beste Freundin ein praktisches Nadelkissen oder einen Türkranz, wie er nicht an jeder Haustür hängt. Ihrer Phantasie sind keine Grenzen gesetzt.

Selbstverständlich finden Sie in diesem Buch auch zahlreiche Anregungen für Ostern und Weihnachten. Ob als Geschenk oder zum Schmücken der eigenen vier Wände – hier finden Sie eine große Auswahl an Vorschlägen. Der Naturtrend macht auch vor der Artischockentechnik nicht halt. Gestalten Sie doch Ihre Einladungs- oder Grußkarte mit Schuppen aus handgeschöpftem Papier in Kombination mit Holzperlen und Bast! Sie können auch Ihr Telefonregister oder das Tagebuch mit wertvollem Geschenkpapier einbinden und in Artischockentechnik verzieren.

Lassen Sie sich von diesen neuen Ideen inspirieren und suchen Sie für sich das Passende aus. Ich wünsche Ihnen viel Spaß beim Gestalten und Freude an gelungenen Dekorationen!

Stephanie Kraft

Material

Das typische Schuppenmuster der Artischockentechnik entsteht durch Bandabschnitte, die zu Dreiecken gefaltet und auf einer Grundform – meist aus Hartschaum (Styropor) – befestigt werden.

In der klassischen Artischockentechnik werden hauptsächlich Bänder in der Breite von 4 cm benötigt. In Bastelfachgeschäften gibt es eine große Auswahl verschiedener Bänder, wie zum Beispiel Taft- oder einfache Satinbänder, die sich sehr gut falten lassen. Hochwertige Satinbänder oder Spitze sind schwerer zu formen, da sie eine sehr glatte Oberfläche haben und somit leicht verrutschen. Um das zu vermeiden, werden die gefalteten Bandabschnitte einfach gebügelt. Bänder mit Drahteinlage lassen sich ebenfalls gut falten und bieten zusätzliche Gestaltungsmöglichkeiten, wie Sie an den nachfolgenden Beispielen im Buch noch genauer sehen können.

Als neue Materialien für die Artischockentechnik bieten sich die verschiedenen Papiere an: Geschenkpapier, Packpapier, Naturpapiere, Tonpapier oder einfaches Zeitungspapier. Diese Papiere werden meist auf den Untergrund geklebt. Aber auch für experimentierfreudige Menschen ist einiges geboten: Verarbeiten Sie doch einmal Rupfen oder Reismatte. Solche Materialien sollten Sie nach dem Zuschneiden jedoch an den Enden mit etwas Klebstoff versäubern, da sie sonst ausfransen.

Beim Aufstecken muß die Nadel schräg eingestochen werden, damit sie nicht durch das grobe Gitter rutscht.

Als Basis für die Artischockentechnik ist eine riesige Vielfalt an Styroporteilen auf dem Markt. Anfangs gab es Kugeln, Eier und Kränze. Dieses Programm wurde inzwischen auf Sterne, Schachteln in verschiedenen Formen, Herzen, Kegel, Hufeisen und Engel erweitert. Zusätzliche Gestaltungsvarianten bieten sich, wenn man beispielsweise Kugeln halbiert und Kegel kürzt, so daß wieder viele neue Formen entstehen. Ein Problem der Styroporschachteln stellt die wenig ansehnliche Innenfläche dar, die unbedingt ausgekleidet werden sollte. Als Alternative dazu gibt es Span- oder Pappschachteln in verschiedenen Größen und Formen. Dabei erübrigt sich das Verkleiden des Innenraums. Allerdings müssen diese Behälter erst mit einem geeigneten Material – etwa Moosgummi – beklebt werden, in dem die Stecknadeln halten. Oder Sie falten Papierstreifen in Artischokkentechnik und bekleben die Schachteln damit, so daß Nadeln überflüssig sind. Die gleiche Methode eignet sich für dekorative Karten.

Zur Befestigung der Bänderschuppen auf Styropor oder Moosgummi benötigen Sie kurze Nadeln mit einem flachen Kopf. Diese speziellen Nadeln sind im Fachhandel erhältlich und eignen sich sehr gut für die meist flacheren Schachteldeckel oder für kleinere Styroporteile. Papier wird meist mit Alleskleber oder Holzleim befestigt. Bedenken Sie aber, daß manche Klebstoffe Styropor zerfressen. Für dieses Material müssen Sie Spezialkleber verwenden (zum Beispiel *Uhu por*).

Bei manchen Modellen benötigen Sie Heißkleber, mit dem man schnell und auch dauerhaft viele Dinge befestigen kann. Auf diese Methode wird im Einzelfall hingewiesen.

Das notwendige Werkzeug ist in Ihrem Haushalt sicher vorhanden: eine robuste Schere, mit der sich auch drahtverstärkte Bänder problemlos schneiden lassen, Lineal und Cutter. Zum Zusammensetzen einzelner Elemente – etwa Blüten und Blättern einer Blume – verwenden Sie feinen Draht oder, wie oben erwähnt, die Heißklebepistole.

Bänder und Styroporkörper sind die Grundmaterialien für die Artischockentechnik. Mit Blättern aus Papier, Kordeln, Seidenblüten, Muscheln, Federn, Pailletten oder Perlen geben Sie Ihren Modellen den letzten Pfiff.

Falttechniken

Wichtigstes Element der Artischockentechnik sind
die gefalteten Bandabschnitte. Dabei lassen sich mit
verschiedenen Falttechniken ganz unterschiedliche
Effekte erzielen. Die Angaben in den Anleitungen zu
den einzelnen Modellen beziehen sich auf die
Numerierung im folgenden Abschnitt.

Für die Techniken 1. bis 3. ist jeder Bandabschnitt
doppelt so lang wie breit. Das bedeutet, daß von
einem 40 mm breiten Band Stücke von 80 mm
Länge abgeschnitten werden.

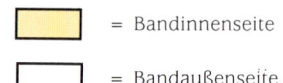 = Bandinnenseite

= Bandaußenseite

1

Die Bandinnenseite ist zu sehen. Das Band quer
zur Hälfte falten, um die Mitte zu bestimmen, und
wieder öffnen. Die beiden Ecken zur Mitte hin
falten.

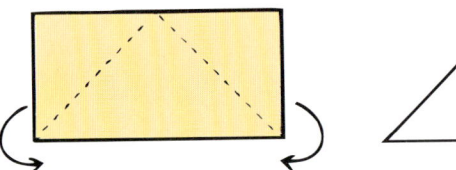 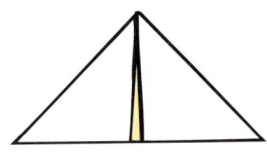

2

Die Bandaußenseite ist zu sehen. Das Band quer
zur Hälfte falten, um die Mitte zu bestimmen. Die
beiden Ecken nach hinten zur Mitte falten.

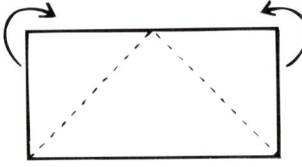 

3

Wie 1. falten, allerdings einen ca. 3 mm breiten
Zwischenraum zwischen den Seitenteilen lassen.

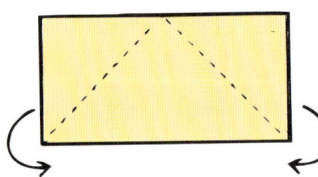 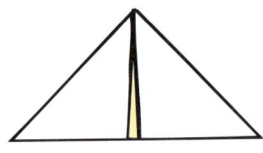

8

4

Der Bandabschnitt ist länger als bei 1. (siehe Angaben beim jeweiligen Modell). Die Bandinnenseite ist zu sehen. Wieder wird die Mitte durch eine Querfalte markiert. Dann wird das Band zweimal zur Mitte nach vorne gefaltet.

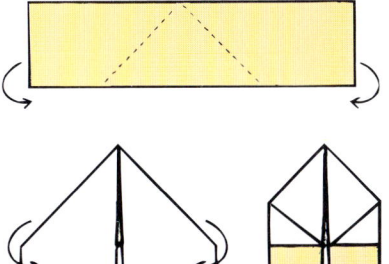

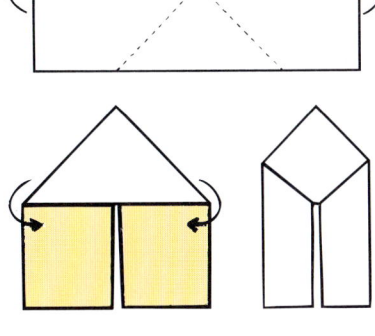

5

Der Bandabschnitt ist länger als bei 1. (siehe Angaben beim jeweiligen Modell). Die rechte Seite des Bandes liegt oben. Die Mitte durch eine Querfalte markieren und die Seiten zunächst nach hinten zur Mitte falten. Anschließend die Seiten nach vorne zur Mitte falten.

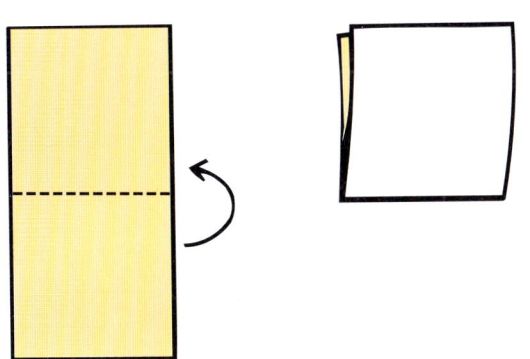

6

Der Bandabschnitt ist doppelt so lang wie breit (oder so lang, wie beim jeweiligen Modell angegeben), die Bandinnenseite ist zu sehen. Das Band wird einfach zur Hälfte gefaltet.

7

Der Bandabschnitt ist etwa 1 cm länger als breit. Die Bandinnenseite ist zu sehen. Zunächst die linke obere Ecke nach unten schlagen, so daß das Band unten und rechts gleich weit über das gefaltete Dreieck hinaussteht. Anschließend die Form diagonal zur Hälfte zusammenlegen, wie in der Abbildung gezeigt. Bei dieser Faltung hat die Schuppe besonders viel Volumen.

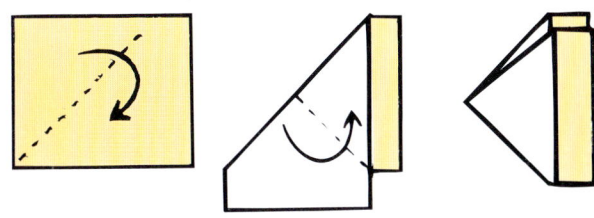

8

Falten, wie unter 2. beschrieben. Anschließend die Enden auf jeder Seite noch zweimal nach innen falten.

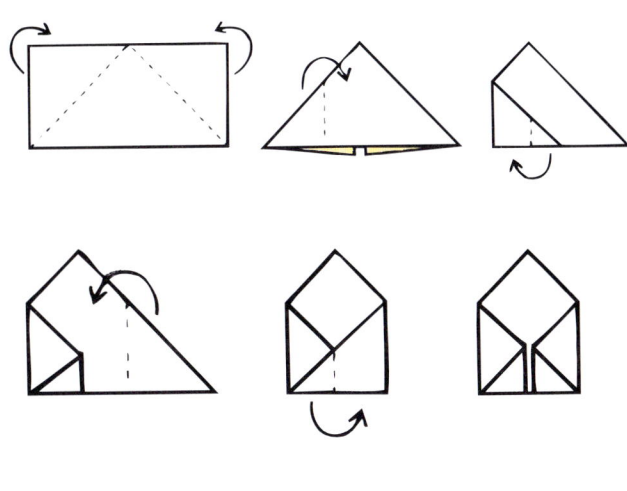

9

Falten, wie unter 1. beschrieben. Um einen sauberen Abschluß zu erhalten, faltet man etwa 5 mm vom unteren Rand nach oben.

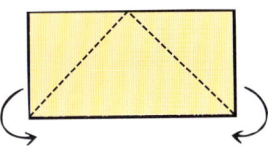

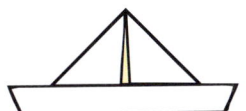

Blumengrüße

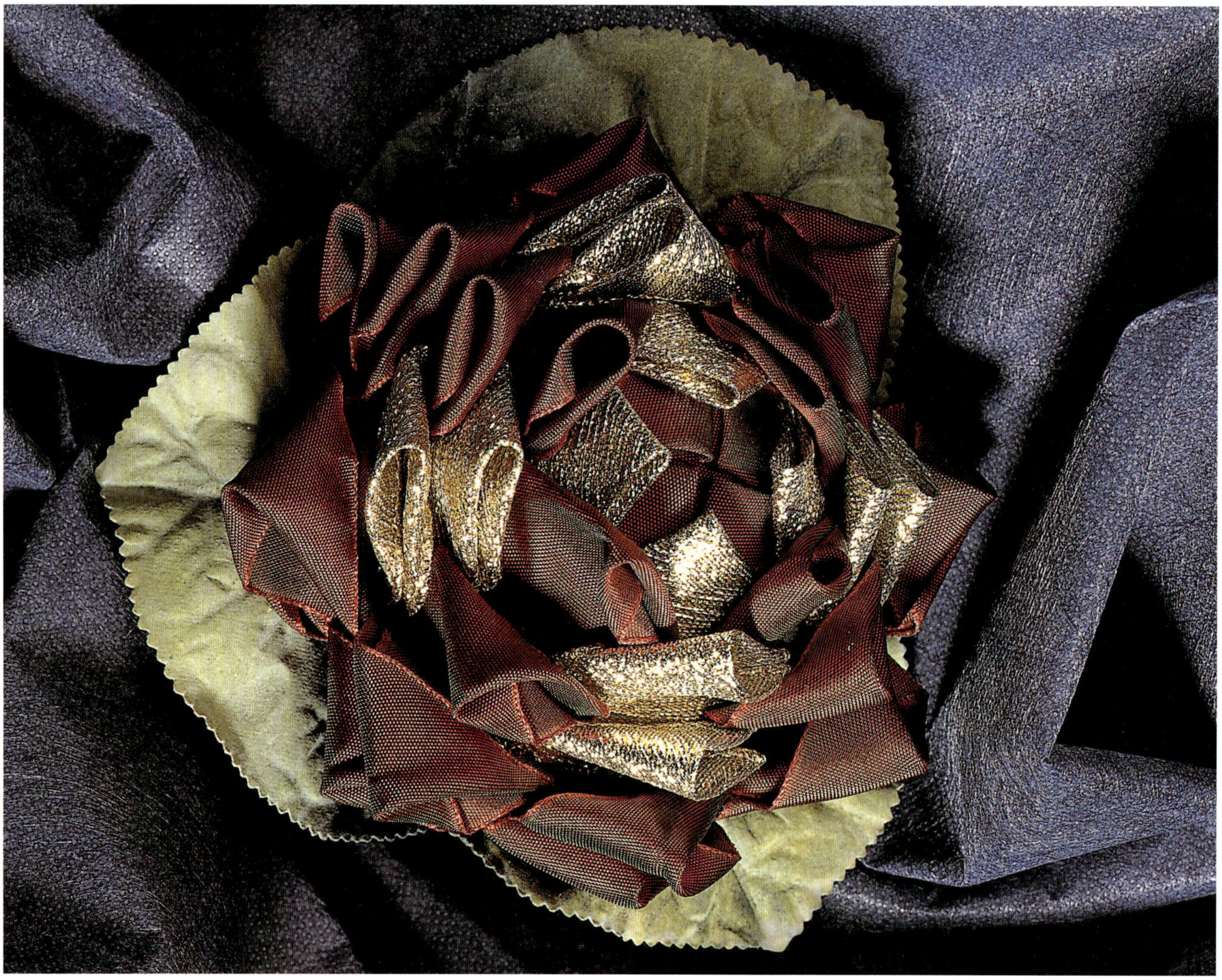

Rose in Rot und Gold

So wird's gemacht

Bänder zuschneiden und falten:

- 1 x 4 cm dunkelrotes Band für den Anfang
- 28 x 8 cm dunkelrotes Band, Technik 7
- 12 x 8 cm goldenes Band, Technik 7

Stecken Sie zuerst das dunkelrote Quadrat mit vier Nadeln auf der Kugel fest. Nun werden vier dunkelrote Schuppen in der Mitte angeordnet und mit je zwei Nadeln an der Dreiecksbasis festgesteckt. Die vier goldenen Schuppen stecken Sie versetzt zu den dunkelroten mit je zwei Nadeln fest. In Reihe 3 bis 6 werden abwechselnd dunkelrote und goldene Schuppen festgesteckt. In Reihe 7 bis 10 ordnen sie nur noch dunkelrote Schuppen an.
Als Abschluß werden die 3 Blätter mit Hilfe einiger Nadeln festgesteckt. Der dicke Draht wird fest in die untere Kugelmitte gesteckt und von oben bis unten mit grünem Band umwickelt.

Material

- Styroporkugel mit 10 cm Ø
- 230 cm dunkelrotes Band mit Drahteinlage, 4 cm breit
- 100 cm goldenes Band mit Drahteinlage, 4 cm breit
- 50 cm grünes Band
- 3 grüne Blätter mit Stiel, 10 cm Ø
- 50 cm Draht, 2 mm stark
- Stecknadeln

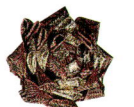

Tüllrose

So wird's gemacht

– Bänder zuschneiden und falten:
– 1 x 4 cm blaues Blumenband
  für den Anfang
– 24 x 8 cm blaues Blumenband,
  Technik 7
– 16 x 8 cm weißer Tüll,
  Technik 7

Stecken Sie zuerst das blau geblümte Quadrat mit Nadeln auf
der Kugel fest. Nun werden vier
blau geblümte Schuppen in der

Mitte angeordnet und an der
Dreiecksbasis festgesteckt. Die
vier Tüllschuppen stecken Sie
versetzt zu den blau geblümten
Schuppen fest. In Reihe 3 bis
10 werden abwechselnd blau
geblümte und weiße Schuppen
festgesteckt, wobei die letzte
Reihe aus blau geblümten Schuppen besteht. Als Abschluß werden
die 3 Blätter mit Hilfe einiger
Nadeln am unteren Kugelrand
festgesteckt. Der dicke Draht
wird in die untere Kugelmitte
gesteckt und mit grünem Kreppband umwickelt. Dabei werden
die Rosenblätter mit eingewickelt.

Material

• Styroporkugel mit 10 cm Ø
• 200 cm blaues Blumenband
  mit Drahteinlage, 4 cm breit
• 130 cm weißer Tüll, 4 cm
  breit
• 3 grüne runde Blätter mit
  Stiel
• 4 Rosenblätter
• 50 cm Draht, 2 mm stark
• grünes Kreppband
• Stecknadeln

Blumen zur Tischdekoration

So wird's gemacht

Für jede Blüte Bänder werden folgendermaßen zuschneiden und falten (die Angaben in Klammern gelten für die großen Blüten:

– 1 mal 4 cm gelbes Band für den Anfang
– 24 mal 8 cm grünes Band, Technik 7
– 16 mal 8 cm weißer Tüll, Technik 7

Material für zwei kleine und zwei große Blumen:

• je 1 Styroporkugel, 3 cm und 4 cm Ø
• 310 cm weißes Band mit Blumenmuster und Drahteinlage, 4 cm breit
• 20 cm gelbes Taftband, 4 cm breit
• 100 cm grünes Taftband, 4 cm breit
• Stecknadeln

Halbieren Sie die Kugeln mit dem Cutter: Jede Halbkugel stellt die Grundform für eine Blüte dar. Befestigen Sie auf der gewölbten Seite das gelbe Quadrat. Die vier grünen Schuppen werden gleichmäßig angeordnet und auf der Unterseite der Halbkugel festgesteckt. Als Blütenblätter nehmen Sie die acht weißen Schuppen mit Blumenmuster und stecken diese etwa 1 cm (2 cm) überlappend und 3,5 cm (4,5 cm) vom Kugelrand entfernt auf der Unterseite der Halbkugel fest. Schieben Sie am Ende das letzte Blatt unter das erste und biegen Sie die Blütenblätter in Form.

Blütenzweig

So wird's gemacht

Für jede Blüte Bänder folgendermaßen zuschneiden und falten (die Angaben in Klammern gelten für die große Blüte):

– 4 x 8 cm gelbes Band, Technik 1
– 8 x 8 cm (8 x 13 cm) rotes Blumenband, Technik 5

Halbieren Sie die kleine Kugel, ordnen Sie vier gelbe Schuppen gleichmäßig an und stecken diese auf der Rückseite fest. Als Blütenblätter zwei Runden zu je vier roten Schuppen und stecken sie versetzt 3 cm (5 cm) vom Kugelrand entfernt auf der glatten Rückseite der Halbkugel fest. Für den Blütenstengel wird der Steckdraht in zwei Teile von 30 und 40 cm Länge geschnitten. Umwickeln Sie die beiden Drähte mit Kreppband, und binden Sie dazu je drei Blätter mit ein. Die Blüten werden auf der Rückseite mit Heißkleber an die Blütenstengel geklebt.

Aus den verbleibenden Halbkugeln können Sie weitere Blüten nach dieser Anleitung oder Tischdekorationen, wie auf Seite 14 beschrieben, anfertigen.

Material

- je 1 Styroporkugel, 3 cm und 4 cm Ø
- 180 cm rotes Blumenband, 3,5 cm breit
- 110 cm gelbes Taftband, 4 cm breit
- 70 cm Steckdraht, 2 mm Ø
- 6 Blätter
- grünes Kreppband
- Stecknadeln
- Heißkleber

16

Blütenkugel

So wird's gemacht

Bänder zuschneiden und falten:

- 1 x 4 cm rotes Band für den Anfang
- 45 x 8 cm rotes Band, Technik 1
- 8 x 8 cm grünes Band, Technik 1
- 12 x 8 cm blaues Band, Technik 1

Stecken Sie das Anfangsquadrat auf der Kugel fest. Beginnen Sie mit vier roten Schuppen, und stecken Sie direkt darunter, also nicht versetzt, in der zweiten Reihe vier blaue Schuppen fest. Nun folgen versetzt zwei Reihen Rot, eine Reihe Grün, zwei Reihen Rot, eine Reihe Blau, zwei Reihen Rot und nochmals eine Reihe Grün. Beenden Sie die Artischockenkugel mit zwei Reihen roter Schuppen.
Befestigen Sie die drei Blätter mit einigen Nadeln an der Kugelunterseite, wobei die Stielenden alle in eine Richtung zeigen. Aus dem Satinband wird eine einfache Schleife gelegt und oberhalb der

Material

- Styropor-Ei, 8 cm hoch
- 380 cm rot kariertes Band mit Drahteinlage, 4 cm breit
- 70 cm grün kariertes Band mit Drahteinlage, 4 cm breit
- 100 cm blau kariertes Band mit Drahteinlage, 4 cm breit
- 80 cm grünes Satinband, 2 cm breit
- 3 grüne Blätter mit Stiel
- Stecknadeln

Blattstiele an der Kugel festgesteckt. Fertig ist die Dekoration für den festlichen Tisch.

Ideen rund ums Osterei

Stab-Tulpen

Material für eine Tulpe

- Styropor-Ei, 6 cm hoch
- 65 cm gelbes Band, 4 cm breit
- 70 cm gelbes Blumenband, 4 cm breit
- 90 cm gelbes Satinband, 3 mm breit
- 90 cm grünes Satinband, 6 mm breit
- Holzstab, 25 cm lang, 5 mm Ø
- vier Papierblätter, 5 cm lang
- Golddraht
- Stecknadeln
- Heißkleber

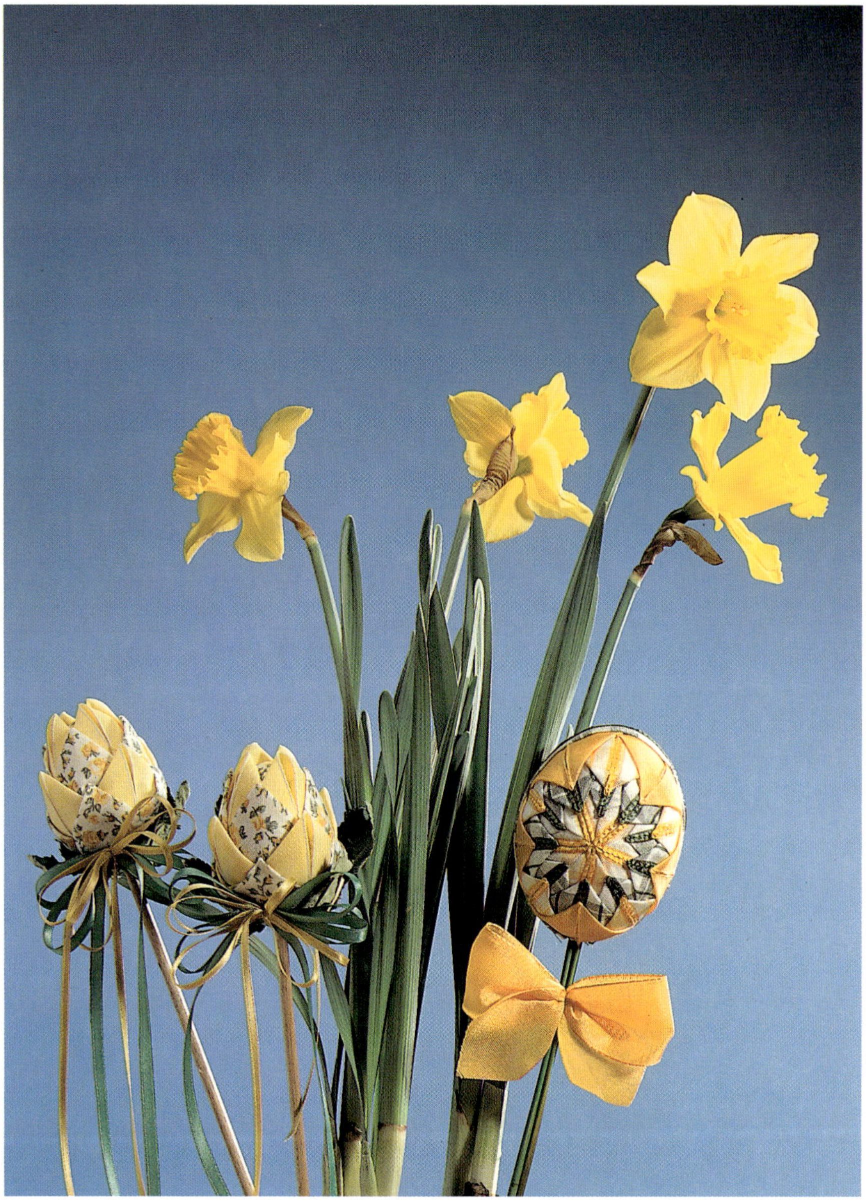

So wird's gemacht

Die Bänder zuschneiden und falten (Angaben für eine Tulpe):

- 1 x 4 cm Blumenband für den Anfang
- 8 x 8 cm gelbes Blumenband, Technik 1
- 8 x 8 cm gelbes Band, Technik 2

Befestigen Sie das geblümte Quadrat auf der schmalen Oberseite des Eies. Beginnen Sie mit vier gelben Schuppen, die an der Schuppenspitze mit je einer Nadel fixiert werden. Ordnen Sie drei Reihen im Abstand von etwa 1,5 cm mit je vier Schuppen im Wechsel an. Die Nadeln an den obersten gelben Schuppenspitzen werden entfernt: So bekommt das Ei den Tulpencharakter. Die vier Blätter werden an der Unterseite des Eies angeklebt oder mit ein paar Nadeln festgesteckt. Stecken Sie den Holzstab in das Ei und fixieren Sie ihn mit etwas Heißkleber. Aus den Satinbändern werden zwei einfache Schleifen gelegt und mit Golddraht abgebunden. Achten Sie darauf, die Schleifenenden etwa 15 bis 20 cm lang hängen zu lassen. Stecken Sie die Schleifen mit Nadeln an der Unterseite der Eier fest.

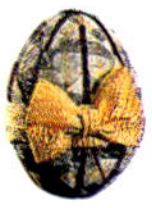

Stab-Ei

So wird's gemacht

Bänder zuschneiden und falten:

– 20 x 6 cm gelbkariertes Band,
  Technik 1
– 20 x 6 cm grünkariertes Band,
  Technik 1
– 10 x 8 cm gelbes Band,
  Technik 1

Ermitteln Sie die Mitte des Eies, und markieren Sie sie mit Hilfe eines Filzschreibers (siehe Zeichnung). Beginnen Sie mit fünf gelbkarierten Schuppen, die Sie genau in die Mitte stecken und evtl. leicht überlappen lassen. Darauf folgen zwei Reihen grün-, eine Reihe gelbkarierter und eine Reihe gelber Schuppen, die jeweils versetzt angeordnet werden. Die Rückseite wird genau gleich gearbeitet. Schneiden Sie die überstehenden Bandenden ab und versäubern Sie den Stoß mit einem 26 cm langen, grünkarierten Bandabschnitt, den Sie auf eine Breite von etwa 1 cm falten und mit Nadeln feststecken. Bündeln Sie die vier Bambusstäbe, indem Sie sie oben und unten mit Golddraht umwickeln, und kleben Sie diesen dicken Stab mit Heißkleber in die Eiunterseite. Aus dem restlichen gelben Band wird eine einfache Schleife geformt und etwa 2 cm unterhalb der Eies festgeklebt.

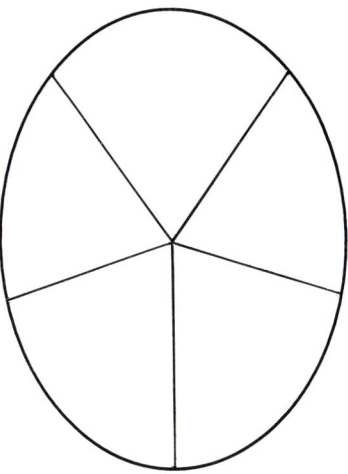

> **Material**
>
> - Styropor-Ei, 9 cm hoch
> - 150 cm grünkariertes Band mit Drahteinlage, 2,5 cm breit
> - 120 cm gelbkariertes Band mit Drahteinlage, 2,5 cm breit
> - 120 cm gelbes Taftband, 4 cm breit
> - 4 Bambusstäbe, 20 cm lang, 3 mm Ø
> - Golddraht
> - Stecknadeln
> - Heißkleber

Hase

So wird's gemacht:

Bänder zuschneiden und falten:

– 1 x 2 cm braues Rupfenband für den Anfang
– 117 x 4 cm braunes Rupfenband, Technik 2

Stecken Sie das Band für den Anfang fest. Beginnen Sie mit fünf braunen Schuppen, die sternförmig um den Mittelpunkt angeordnet werden. Ab der zweiten Reihe werden immer 10 Schuppen pro Reihe benötigt. Nach zwölf Reihen, die jeweils versetzt angebracht werden, sollte die Kugel vollgesteckt sein. Für die Arme wird der Chenille-Draht einmal um den Hals gewickelt und auf die obere Kugelseite festgeklebt. Der Kopf wird in den dadurch entstandenen Drahtkreis eingeklebt. Zwei kleine Holzperlen, die das Fachgeschäft mit bemaltem Kopf anbietet, werden auf den Chenille–Draht gesteckt und mit etwas Klebstoff fixiert. Fransen Sie

2–3 cm des Rupfenbandes aus und kleben es auf den Hasenkopf. Die Ohren werden anhand der Zeichnung aus braunem Filz ausgeschnitten, auf den Kopf und über das ausgefranste Band geklebt. Legen Sie die Ohren etwas in Falten, dadurch stehen sie besser. Nähen Sie für die Aufhängung den Bindfaden zwischen den beiden Ohren fest und knoten am anderen Fadenende eine Schlaufe.

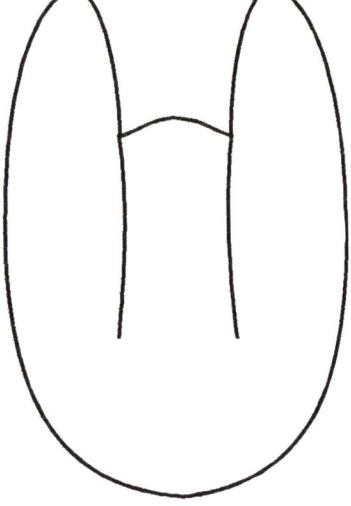

Ei mit Schleife

Material

- Styropor-Ei, 8 cm hoch
- 230 cm blau-gelbkariertes Band mit Drahteinlage, 4 cm breit
- 60 cm gelbes Taftband, 4 cm breit
- 50 cm dunkelblaues Satinband, 3 mm breit
- Stecknadeln

So wird's gemacht:

Bänder zuschneiden und falten:

- 2 x 4 cm Band für den Anfang
- 28 x 8 cm blau-gelbkariertes Band, Technik 1

Stecken Sie die zwei gelben Quadrate am oberen und unteren Ende des Eies fest. Es folgen vier Reihen blau-gelbkarierte Schuppen, die von der oberen schmalen Seite versetzt angeordnet werden. Stellen Sie nun das Ei auf den Kopf, und stecken Sie nochmals drei Reihen der blau-gelbkarierten Schuppen fest. Die überstehenden Bänder werden abgeschnitten. Ein etwa 30 cm langes Stück des gelben Bandes wird auf eine Breite von etwa 2 cm gefaltet und über dem Stoß festgesteckt. Die Schleife besteht aus 15 cm gelbem Band, das übereinander gelegt und in der Mitte zusammengefaßt wird. Stecken Sie die Schleife auf dem gelben Band mit Hilfe von ein paar Nadeln fest. Für die Aufhängung wird das dunkelblaue Satinband an einem Ende verknotet und mit einer Nadel an der Ei-Oberseite festgesteckt.

Blaue Kugel mit Hahn und Henne

So wird's gemacht

Bänder zuschneiden und falten:

– 2 x 4 cm gemustertes Band
  für den Anfang (Abschnitte
  richten sich nach den Motiven)
– 32 x 8 cm hellblaues Band,
  Technik 1

Legen Sie den Mittelpunkt der
beiden Kugelhälften fest und
stecken Sie die Quadrate mit den
gewählten Motiven auf. Anschließend werden je Seite des Qua-
drats zwei Schuppen mit der
Spitze nach rechts um das recht-
eckige Bild angeordnet. Achten
Sie darauf, daß alle Schuppen
auch an der Spitze festgesteckt
werden. In den Ecken werden je
zwei Schuppen übereinander, mit
einem Abstand von etwa 15 mm,
befestigt. Die gegenüberliegende
Kugelhälfte wird genau gleich
gearbeitet. Schneiden Sie die
überstehenden Bänder ab und
versäubern Sie den Stoß mit
25 cm blauem Band, das auf eine
Breite von etwa 1 cm gefaltet und
festgesteckt wird. Für die Aufhängung werden 60 cm weißes
Band an beiden Enden verknotet
und auf der Kugeloberseite festgesteckt. Binden Sie aus dem
restlichen weißen Band zwei
Schleifen und stecken Sie diese
an der Aufhängung fest.

Material

- Hartschaum-Kugel, 7 cm
  Durchmesser
- 280 cm hellblaues Band,
  4 cm breit
- 10 cm gemustertes Band mit
  Hahn bzw. Henne, 4 cm breit
- 150 cm weißes Satinband,
  3 mm breit
- Stecknadeln

Grüne Kugel mit Ente und Eierkorb

So wird's gemacht

Bänder zuschneiden und falten:

– 2 x 4 cm gemustertes Band für den Anfang (Abschnitte richten sich nach den Motiven)
– 32 x 8 cm hellgrünes Band, Technik 1

Material

- Styropor-Kugel, 7 cm Ø
- 280 cm hellgrünes Band, 4 cm breit
- 10 cm gemustertes Band mit Ente und Eierkorb, 4 cm breit
- 1,50 m weißes Satinband, 3 mm breit
- Stecknadeln

Legen Sie den Mittelpunkt der beiden Kugelhälften fest und stecken Sie die Quadrate mit den gewählten Motiven auf. Anschließend werden je Seite des Bildes zwei Schuppen mit der Spitze nach innen angeordnet. Achten Sie darauf, daß alle Schuppen auch an der Spitze festgesteckt werden. In den Ecken und über den zusammentreffenden Schuppen der Vorreihe wird je eine Reihe Schuppen befestigt. Die gegenüberliegende Kugelhälfte wird genau gleich gearbeitet. Schneiden Sie die überstehenden Bänder ab und versäubern Sie den Stoß mit 25 cm hellgrünem Band, das auf eine Breite von etwa 1 cm gefaltet und festgesteckt wird. Für die Aufhängung werden 60 cm weißes Band an beiden Enden verknotet und auf der Kugeloberseite festgesteckt. Binden Sie aus dem restlichen weißen Band zwei Schleifen, und stecken Sie diese an der Aufhängung fest.

Maus

So wird's gemacht

Bänder zuschneiden und falten:

– 12 x 8 cm lachsfarbenes Band, Technik 1

Stecken Sie vier Reihen zu je drei Schuppen, am breiten Ende des Eies beginnend, fest. Es werden immer die beiden äußeren zuerst und darüber die mittlere Schuppe festgesteckt. Stecken Sie außer bei den beiden vordersten äußeren Schuppen (= Ohren) alle auch an der Schuppenspitze fest, damit aus der Maus kein Igel wird. Für den Kopf falten Sie 14 cm des Bandes zu einer Tüte, schieben sie über den spitzen Teil des Eies und stecken ihn unten fest. Als Augen dienen zwei weiße Rocailleperlen, die mit Hilfe von zwei Stecknadeln aufgesteckt werden. Nähen Sie auf jeder Seite zwei etwa 7 cm lange Nylonfäden am vorderen Kopfteil fest. Der Schwanz ist ein 5 cm langes weißes Satinband. Verknoten Sie ein Ende und stecken Sie das andere an der Maus fest.

Material

- 1 halbiertes Styropor-Ei, 6 cm Länge
- 110 cm lachsfarbenes Band, 4 cm breit
- 5 cm weißes Satinband, 3 mm breit
- Nylonfaden
- weiße Rocailleperlen
- Stecknadeln

25

Stecken Sie zuerst das 4 cm lange rote Band an der Spitze des Eies fest. Beginnen Sie mit vier grünen Schuppen, die gleichmäßig angeordnet werden. Ordnen Sie in der zweiten Reihe vier rote Schuppen in den entstandenen Zwischenräumen an. In den folgenden 22 Reihen werden abwechselnd je vier gleichfarbene Schuppen immer übereinander festgesteckt. Als Abschluß dient eine Perlenkappe, die auf dem Ei mit sechs Nadeln befestigt wird. Biegen Sie mit dem Golddraht eine Schlaufe (siehe Zeichnung), die durch die Kappe in die Kugel gesteckt wird.

Als Aufhängung werden 30 cm der 3 mm starken Goldkordel abgeschnitten und an der Drahtschlaufe festgesteckt. Halbieren Sie die restliche Goldkordel und legen Sie zwei einfache Schleifen, die an der Aufhängung befestigt werden. Verknoten Sie die Schleifenenden, damit sie nicht ausfransen.

Gestreiftes Ei

So wird's gemacht

Bänder zuschneiden und falten:

– 1 x 4 cm rotes Band für den Anfang
– 48 x 5 cm rotes Band, Technik 7
– 48 x 5 cm grünes Band, Technik 7

Material

- Styropor-Ei, 9 cm hoch
- 250 cm rotes Band, 3,5 cm breit
- 240 cm grünes Band, 3,5 cm breit
- 100 cm Goldkordel, 3 mm breit
- 1 goldene Perlkappe
- Golddraht
- Stecknadeln

Ei mit Stern

So wird's gemacht

Bänder zuschneiden und falten:

– 24 x 8 cm fliederfarbenes
  Blumenband, Technik 1
– 16 x 8 cm olivgrünes Band,
  Technik 1

Ermitteln Sie die Mitte des Eies und markieren Sie sie mit Hilfe einer Nadel. Beginnen Sie mit vier fliederfarbenen Blumenbandschuppen, die Sie genau in die Mitte stecken. Darauf folgen zwei Reihen olivgrüne und zwei Reihen fliederfarbene Schuppen, die jeweils versetzt angeordnet werden. Die Rückseite wird genau gleich gearbeitet. Schneiden Sie die überstehenden Bandenden ab und versäubern Sie den Stoß mit Hilfe eines 26 cm langen, olivgrünen Bandabschnittes, den Sie auf eine Breite von etwa 1 cm falten und mit Nadeln feststecken. Aus dem fliederfarbenen Satinband werden zwei einfache Schleifen und eine 10 cm lange Aufhängung gebunden und am oberen Teil des Eies festgesteckt. Schneiden Sie die Schleifenenden nach etwa 15 cm schräg ab.

Material

• Styropor-Ei, 9 cm hoch
• 200 cm fliederfarbenes
  Blumenband, 4 cm breit
• 160 cm olivgrünes Band,
  4 cm breit
• 110 cm fliederfarbenes
  Satinband, 6 mm breit
• Golddraht
• Stecknadeln

Ei im Nest

So wird's gemacht

Bänder zuschneiden und falten:

– 1 x 4 cm gelbes Band für
  den Anfang
– 30 x 7 cm gelbes Band,
  Technik 7
– 30 x 7 cm grünes Band,
  Technik 7

Stecken Sie das Quadrat für den
Anfang an der Spitze des Eies
fest. In der ersten Reihe werden
zwei gelbe und zwei grüne Schuppen jeweils an der Dreiecksbasis
so festgesteckt, daß sie einander
gegenüberliegen. Beginnen Sie
bei der zweiten Reihe damit,
eine gelbe Schuppe über die
erste und eine zweite links daneben in den Zwischenraum
zu stecken. Verfahren Sie mit
der grünen Schuppe genauso.
So benötigen Sie in der zweiten
Reihe acht Schuppen. Die folgenden sechs Reihen werden
immer versetzt und eine Farbe
weiter nach links verschoben
angeordnet.
Bereiten Sie nun das Nest vor,
indem Sie die Keramikschüssel
mit Heu und Reisig füllen. Befestigen Sie das Ei mit Heißkleber
in der Mitte und kleben Sie rundherum locker verteilt Federn,
Beeren und Blätter mit kleinen
Heißkleberpunkten fest.

Material

• Styropor-Ei, 6 cm Höhe
• 220 cm gelbkariertes Band
  mit Drahteinlage, 4 cm breit
• 210 cm grünkariertes Band
  mit Drahteinlage, 4 cm breit
• Keramikschale, 12 cm Ø
• 7 Papierblätter, 4–5 cm lang
• Naturmaterialien, wie Reisig,
  Moos, Heu, getrocknete
  Beeren und Blätter
• 5 braune Federn
• Stecknadeln
• Heißkleber

Österlicher Kranz

So wird's gemacht

Bänder zuschneiden und falten:

– 23 x 8 cm lachsfarbenes
  Blumenband, Technik 8
– 23 x 8 cm hellblaues
  Blumenband, Technik 8
– 23 x 8 cm hellgrünes
  Blumenband, Technik 8

Beginnen Sie mit der ersten Reihe am äußeren Kranzrand, indem Sie 21 Schuppen in der Farbreihenfolge Lachs, Blau und Grün im Abstand von etwa 2,5 cm hintereinander feststecken. Bei der zweiten Reihe wird dieselbe Farbreihenfolge eingehalten, wobei Sie damit beginnen, eine lachsfarbene Schuppe zwischen eine blaue und eine grüne Schuppe der vorhergehenden Reihe zu stecken. Die dritte Reihe wird wie die zweite Reihe gearbeitet. In der vierten Runde werden sechs Schuppen, also von jeder Farbe zwei, gleichmäßig verteilt.

Weihnachtliche Dekorationen

Glocke

So wird's gemacht

Bänder zuschneiden und falten:

– je 6 x 8 cm rotes, beigefarbenes und grünes Band (alle mit Goldrand), Technik 6
– 9 x 8 cm goldfarbenes Band, Technik 2

Beginnen Sie am unteren Teil der Glocke, indem Sie rotes, grünes und beigefarbenes Band abwechselnd in der Glockeninnenseite feststecken. Sie benötigen von jeder Farbe drei Bandabschnitte. Ordnen Sie die restlichen gefalteten Bänder zweireihig darüber an, und schließen Sie mit den goldfarbenen Schuppen ab. Achten Sie darauf, daß die nach Technik 6 gefalteten Bänder etwas versetzt angeordnet werden.

Zur Aufhängung wird das grüne Band am Ende verknotet und auf der oberen Glockenmitte festgesteckt. Legen Sie mit dem schmalen dunkelroten Band je zwei Schleifen mit zwei Schuppen auf jeder Seite und binden Sie die Schleifen mit Golddraht ab. Diese beiden Schleifen werden einander gegenüberliegend festgesteckt.

Die kleine Glocke wird mit Hilfe des Golddrahtes in der Glockeninnenseite befestigt.

Material

- Glocke aus Styropor, 9 cm hoch
- 75 cm rotes Band mit Goldrand und Drahteinlage, 4 cm breit
- 75 cm beigefarbenes Band mit Goldrand und Drahteinlage, 4 cm breit
- 75 cm grünes Band mit Goldrand und Drahteinlage, 4 cm breit
- 75 cm goldfarbenes Band mit Drahteinlage, 4 cm breit
- 100 cm dunkelrotes Band, 7 mm breit
- 60 cm dunkelgrünes Band, 3 mm breit
- messingfarbenes Glöckchen, 2 cm Ø
- Golddraht
- Stecknadeln

Rot-grüner Zapfen

So wird's gemacht

Bänder zuschneiden und falten:

– 1 x 4 cm grünes Band mit Goldrand für den Anfang
– 20 x 8 cm grünes Band mit Goldrand, Technik 2
– 20 x 8 cm rotes Band mit Goldrand, Technik 2

Stecken Sie zuerst das grüne Quadrat auf der Zapfenunterseite fest. Beginnen Sie mit vier roten Schuppen, die gleichmäßig angeordnet werden. In den folgenden neun Reihen werden abwechselnd je vier gleichfarbene Schuppen immer in den Zwischenräumen festgesteckt.

Das grüne Band wird für die Aufhängung verknotet und am oberen Zapfenende befestigt. Teilen Sie das dunkelrote Band in zwei Teile und legen Sie zwei Schleifen mit je drei Schluppen, die Sie ebenfalls am oberen Zapfenende befestigen.

Material

- Zapfen aus Styropor, 12 cm hoch
- 120 cm rotes Band mit Goldrand und Drahteinlage, 4 cm breit
- 130 cm grünes Band mit Goldrand und Drahteinlage, 4 cm breit
- 110 cm dunkelrotes Band, 7 mm breit
- 60 cm dunkelgrünes Band, 3 mm breit
- Golddraht
- Stecknadeln

Christbaum-kugeln

So wird's gemacht

Gestreifte Kugel

Bänder zuschneiden und falten:
– 1 x 15 mm goldfarbenes Band
  für den Anfang
– 20 x 3 cm rotes Band,
  Technik 2
– 20 x 3 cm goldfarbenes Band,
  Technik 1

Stecken Sie das goldfarbene
Quadrat auf der Kugel fest. Vier
goldfarbene Schuppen werden

darauf angeordnet. Stecken Sie
die übrigen Schuppen in neun
Reihen im Wechsel versetzt fest.
Als Abschluß dient eine Perlenkappe, die auf der Kugel mit
sechs Nadeln befestigt wird.
Biegen Sie mit dem Golddraht
eine Schlaufe (siehe Zeichnung
Seite 35), die durch die Kappe
in die Kugel gesteckt und evtl.
mit Klebstoff fixiert wird.
Als Aufhängung werden 20 cm
der dünnen Goldkordel abgeschnitten, durch die Drahtschlaufe gezogen und verknotet.

Material für beide Kugeln

- 2 Styropor-Kugeln, 3 cm Ø
- 210 cm rotes Band, 15 mm
  breit
- 115 cm goldfarbenes Band,
  15 mm breit
- 40 cm Goldkordel, 1 mm
  breit
- 25 cm Goldkordel, 3 mm
  breit
- 2 Perlenkappen, goldfarben
- Golddraht
- Stecknadeln
- Klebstoff

Sternchenkugel

Bänder zuschneiden und falten:

– 24 x 3 cm rotes Band,
  Technik 1
– 16 x 3 cm goldfarbenes Band,
  Technik 1

Legen Sie den Mittelpunkt der beiden Kugelhälften fest und beginnen Sie dort jeweils mit vier roten Schuppen, deren Spitzen sich treffen. Achten Sie darauf, daß die gesamten Schuppen auch an der Spitze festgesteckt werden. In der zweiten Reihe ordnen Sie acht goldfarbene Schuppen an. Beenden Sie die erste Kugelhälfte mit acht roten Schuppen. Arbeiten Sie die Gegenseite gleich. Um den Stoß zu versäubern, werden zwei Reihen der 3 mm starken Goldkordel aufgeklebt. Als Abschluß dient eine Perlenkappe, die auf der Kugel mit sechs Nadeln befestigt wird. Biegen Sie aus dem Golddraht eine Schlaufe (siehe Zeichnung), die durch die Kappe in die Kugel gesteckt und evtl. mit Klebstoff fixiert wird.

Als Aufhängung werden 20 cm der dünnen Goldkordel abgeschnitten, durch die Drahtschlaufe gezogen und verknotet.

Wer mag, arbeitet eine Serie von Kugeln in Rot, Gold und Grün.

Großer Stern

So wird's gemacht

Bänder zuschneiden und falten:

- 1 x 4 cm goldfarbenes Band für den Anfang
- 50 x 8 cm dunkelrotes Sternenband, Technik 1
- 30 x 8 cm goldfarbenes Band, Technik 2

Beginnen Sie mit einem goldfarbenen Quadrat, das in der Mitte des Sternes mit vier Nadeln festgesteckt wird. Ordnen Sie die ersten fünf roten Schuppen so an, daß die Mittellinie mit der einer Sternenzacke übereinstimmt. Die Spitzen sind zum Zentrum des Sterns gerichtet. Dadurch, daß sie in der Mitte nicht genau aneinanderstoßen, bleibt ein goldener Stern sichtbar. Die goldfarbenen Schuppen werden in den entstandenen Zwischenraum in etwa 1,5 cm Entfernung angeordnet und mit jeweils zwei Nadeln festgesteckt. Wechseln Sie in Reihe 3 bis 7 zwischen roten und goldfarbenen Schuppen ab. Die Spitzen des Sternes werden in Reihe 8 mit roten Schuppen abgeschlossen.

Die Rückseite wird gleich gearbeitet. Am Ende werden die überstehenden Bandstücke abgeschnitten und mit Nadeln sauber festgesteckt. Versäubern Sie den Stoß, indem Sie mit Hilfe der Heißklebepistole die Borte als Abschluß sehr sauber aufkleben. Vorsicht vor dicken Klebertropfen.

Als Aufhängung nehmen Sie etwa 60 cm Goldkordel, die verknotet und auf einer Sternspitze mit Nadeln festgesteckt wird.

Material

- Stern aus Styropor, 20 cm Ø
- 400 cm dunkelrotes Sternenband, 4 cm breit
- 260 cm Goldband mit Drahteinlage, 4 cm breit
- 70 cm dunkelrot-goldfarbene Borte, 9 mm breit
- 60 cm Goldkordel als Aufhängung
- Stecknadeln
- Heißkleber

Kleiner Stern

So wird's gemacht

Bänder zuschneiden und falten:

- 1 x 4 cm dunkelrotes Band für den Anfang
- 5 x 8 cm dunkelrotes Band, Technik 9
- 5 x 10 cm dunkelrotes Band, Technik 4
- 10 x 8 cm weiß-goldfarbenes Band, Technik 1

Bestimmen Sie die Sternmitte und stecken Sie dort das dunkelrote Quadrat fest. Achten Sie darauf, daß die gesamten Schuppen dieses Sternes auch an der Schuppenspitze festgesteckt werden – allerdings so, daß die Nadel nicht zu sehen ist. Ordnen Sie zuerst fünf der weiß-goldfarbenen Schuppen sternförmig an. Die 8 cm langen Stücke des dunkelroten Bandes werden in den Zwischenräumen festgesteckt. Anschließend werden die 10 cm langen dunkelroten Stücke etwa 1 cm unterhalb der weiß-goldfarbenen Schuppen angeordnet. Befestigen Sie am Ende die restlichen 5 weiß-goldfarbenen Bandabschnitte auf den Sternenspitzen.

Verkleiden Sie mit dem restlichen weiß-goldfarbenen Band die Rückseite des Sternes, so daß das Styropor verdeckt wird.

Als Aufhängung nehmen Sie etwa 60 cm Goldkordel, die verknotet und zwischen zwei Sternspitzen festgesteckt wird.

Material

- Stern aus Styropor, 10 cm Ø
- 100 cm dunkelrotes Band mit Drahteinlage, 4 cm breit
- 90 cm weiß-goldfarben kariertes Band mit Drahteinlage, 4 cm breit
- 60 cm Goldkordel als Aufhängung
- Stecknadeln

Großer Engel

So wird's gemacht

Bänder zuschneiden und falten:
– 2 x 14 cm weißes Band,
  Technik 6
– 7 x 8 cm weißes Band,
  Technik 1
– 24 x 8 cm grünes Band,
  Technik 1
– 8 x 8 cm grünes Band,
  Technik 6
– 2 x 7 cm grünes Band,
  Technik 6

Bei diesem Engel besteht eigentlich auch der Kopf aus Styropor. Wenn Sie wollen, können Sie ihn mit Stoff beziehen oder mit Bastelfarbe anmalen. Ich habe mich für eine Holzkugel als Kopf entschieden und deshalb den Styroporkopf entfernt. Somit bleibt ein Kegel mit etwa 10 cm Höhe übrig. Beginnen Sie mit den acht grünen Bandabschnitten (Technik 6), und stecken Sie diese gleichmäßig an dem unteren Kegelrand fest. Lassen Sie die Bänder etwas überlappen und etwa 1,5 cm über den Rand stehen. Anschließend wird eine Reihe grüner Schuppen versetzt angeordnet. Nun müssen Sie sich entscheiden, welche Seite zur Schauseite des Engels werden soll. Bei der dritten Reihe wird dort eine weiße Schuppe in den Zwischenraum gesteckt. Die vierte Reihe wird wie die zweite und die fünfte wie die dritte Reihe gearbeitet. In der sechsten und letzten Reihe beginnen Sie mit zwei weißen Schuppen und komplettieren die Reihe mit sechs grünen Schuppen. Sie ist die letzte Reihe. Ordnen Sie noch drei Schuppen an, wobei die mittlere über den beiden äußeren liegt. Für die Arme nehmen Sie je 8 cm Chenille-Draht, stecken ihn seitlich in den Kegel und fixieren ihn etwas mit Heißkleber. Über den Draht werden je ein langes weißes und ein kurzes Stück gefaltetes grünes Band gelegt und oben festgesteckt. Wickeln Sie den Draht an der Unterseite etwas auf: So entstehen die Hände. Aus dem goldfarbenen Band werden die

Material (Angaben für kleinen Engel in Klammern)

- Engelsfigur aus Styropor, 15 (9) cm hoch
- 260 (140) cm grünes (rot-goldfarben kariertes) Band mit Drahteinlage, 4 cm breit
- 80 cm weiß-goldfarben kariertes Band mit Drahteinlage, 4 cm breit
- 14 (11) cm goldfarbenes Band, 6,5 cm breit
- 34 (31) cm weißer Chenille-Draht, 9 mm stark
- Holzkugel, 3 cm Ø
- Puppenhaare
- Stecknadeln
- Heißkleber

Flügel ausgeschnitten, etwas zusammengefaßt und am Rücken des Engels festgesteckt. Biegen Sie den restlichen Chenille-Draht zu zwei Kreisen und kleben Sie diese Ringe mit Heißkleber auf den Hals des Engels. Zum Schluß wird die Holzperle als Kopf aufgeklebt. Die Haare befestigen Sie mit Hilfe des Heißklebers.

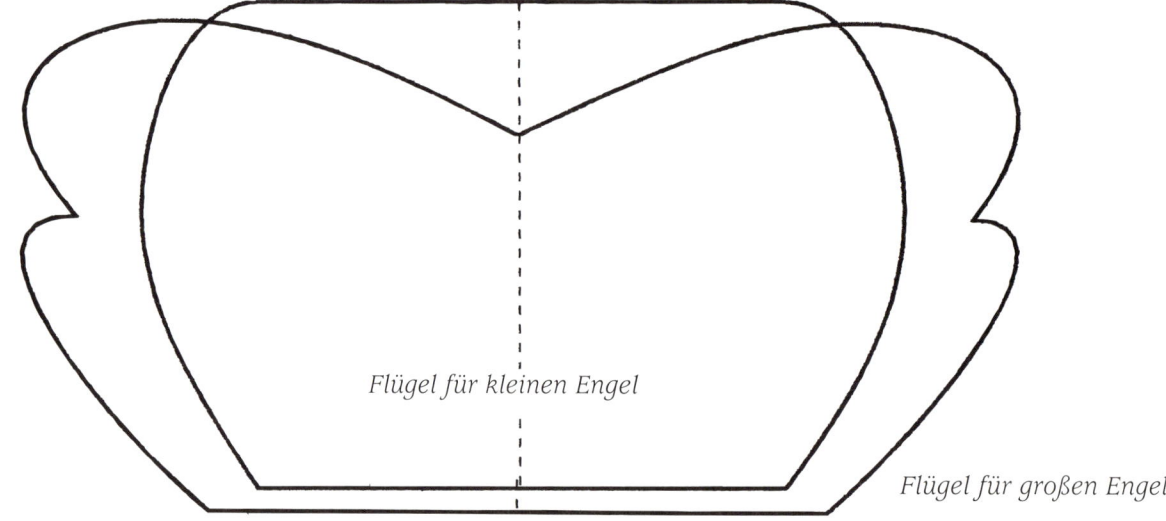

Flügel für kleinen Engel

Flügel für großen Engel

Kleiner Engel

So wird's gemacht

Bänder zuschneiden und falten:

– 4 x 5 cm weißes Band,
  Technik 7
– 2 x 14 cm weißes Band,
  Technik 6
– 7 x 5 cm weißes Band,
  Technik 6
– 25 x 5 cm rotes Band,
  Technik 7
– 2 x 5 cm rotes Band,
  Technik 6.

Bei diesem Engel besteht eigentlich auch der Kopf aus Styropor. Wenn Sie wollen, können Sie ihn mit Stoff beziehen oder mit Bastelfarbe anmalen. Ich habe mich für eine Holzkugel als Kopf entschieden und deshalb den Styroporkopf entfernt. Somit bleibt ein Kegel mit etwa 7 cm Höhe übrig.

Stecken Sie die sieben weißen Bandabschnitte (Technik 6) gleichmäßig am unteren Kegelrand fest. Lassen Sie die Bänder etwas überlappen und etwa 1 cm über den Rand stehen. Anschließend werden zwei Reihen roter Schuppen versetzt angeordnet. Nun müssen Sie sich entscheiden, welche Seite zur Schauseite des Engels werden soll. Bei der vierte Reihe beginnt man deshalb mit einer weißen Schuppe in der vorderen Mitte und fährt mit sechs roten Schuppen fort. Die fünfte Reihe ist die letzte Reihe und beginnt mit zwei weißen und

fünf roten Schuppen. Stecken Sie die letzte weiße über die beiden unteren weißen Schuppen.

Für die Arme nehmen Sie je 8 cm Chenille-Draht, stecken ihn seitlich in den Kegel und fixieren ihn etwas mit Heißkleber. Über den Draht werden je ein langes weißes und ein kurzes Stück gefaltetes rotes Band gelegt und oben festgesteckt. Wickeln Sie den Draht an der Unterseite etwas auf: So entstehen die Hände. Aus dem goldfarbenen Band werden die Flügel ausgeschnitten, etwas zusammen gefaßt und am Rücken des Engels festgesteckt. Biegen Sie den restlichen Chenille-Draht zu zwei Kreisen, und kleben diese Ringe mit Heißkleber auf den Hals des Engels. Zum Schluß wird die Holzperle als Kopf aufgeklebt. Die Haare befestigen Sie mit Heißkleber auf der Holzperle.

Weihnachts-kranz

So wird's gemacht

Bänder zuschneiden und falten:
- 88 x 8 cm blaues Band, Technik 1
- 32 x 8 cm rotes Band, Technik 1
- 32 x 8 cm blaues Schneemann-band, Technik 2

Bei diesem Kranz wird mit der Artischockentechnik von außen nach innen gearbeitet. Lassen Sie die Schuppenspitze der ersten Reihe etwa 1 cm über die Kranz-unterseite hinausstehen. Stecken Sie die Schuppen jeweils im Abstand von ca. 2,5 cm nebeneinander. Achten Sie darauf, daß die Schuppen, die in Technik 1 gefaltet wurden, auch an der Spitze festgesteckt werden. Bei Reihe fünf und sechs nehmen Sie von jeder Farbe eine Schuppe weniger. Der Abstand von Reihe zu Reihe beträgt etwa 2 cm. Beginnen Sie mit vier blauen, drei roten, vier blauen, drei bunten, vier blauen, drei roten, vier blauen und drei gemusterten Schuppen, bis die erste Reihe voll ist. Bei den drei folgenden Reihen werden die Schuppen genau übereinander gesteckt, allerdings farblich immer eine Schuppe nach rechts verschoben. Zuletzt werden alle äußeren Schuppen nach außen gebogen. Dieser Kranz kann nun als Dekoration auf den Tisch gelegt oder mit einem einfachen Band aufgehängt werden.

Material

- Styropor-Kranz, 20 cm Ø
- 710 cm blaues Band mit Drahteinlage, 4 cm breit
- 260 cm rotes Band mit Drahteinlage, 4 cm breit
- 260 cm blaues Band mit Schneemann-Motiven und Drahteinlage, 4 cm breit
- Stecknadeln

Weihnacht-liche Tisch-dekoration

Material

- Styropor-Kugel, 8 cm Ø
- 220 cm grünes Band mit Drahteinlage, 4 cm breit
- 260 cm rotes Band mit Drahteinlage, 4 cm breit
- Stecknadeln
- Golddraht
- Messer

So wird's gemacht

Bänder zuschneiden und falten:

- 1 x 4 cm grüne Band für den Anfang
- 16 x 8 cm rotes Band, Technik 1
- 8 x 16 cm grünes Band, Technik 4

Schneiden Sie von der Kugel mit einem scharfen Messer oben 5 mm und unten etwa 20 mm ab. Auf die Oberseite wird das grüne Quadrat festgesteckt. Ermitteln Sie die obere Mitte und ordnen Sie die acht roten Schuppen so an, daß sie etwa 1 cm vom Mittelpunkt entfernt sind. Stecken Sie nochmals eine Reihe roter Schuppen mit einem Abstand von etwa 1 cm in die Zwischenräume. Die

fertig gefalteten grünen Schuppen liegen Spitze auf Spitze mit der ersten Reihe und werden vorübergehend mit einer Nadel fixiert. Dann werden sie seitlich und unten festgesteckt und die obere Nadel wieder entfernt. Biegen Sie die grünen Schuppen locker etwas nach oben.
Aus 65 cm rotem Band wird eine einfache Schleife gebunden, wobei die Enden etwa 20 cm lang sind. Legen Sie 40 cm des grünen Bandes um den Schleifenmittelpunkt und binden Sie ihn mit Golddraht ab. Alle vier Band-Enden werden mit dem Golddraht umwickelt.
Fertigen Sie eine weitere Schleife nach diesem Muster an und stecken Sie diese beiden Schleifen jeweils an einer Seite der Kugel mit Nadeln fest.

Weihnachts-baum

Material

- Kegel aus Styropor, 19 cm hoch
- 420 cm rotes Band mit Drahteinlage, 5 cm breit
- 680 cm beigefarbenes Band mit Goldrand und Draht-einlage, 4 cm breit
- 0,70 m dunkelrotes Band, 7 mm breit
- 36 Holzperlen, 6 mm Ø
- rote Rocailleperlen, glänzend
- Holzstab mit verschiedenen Holzscheiben oder andere dekorative Spitze
- Golddraht
- Stecknadeln

So wird's gemacht

Bänder zuschneiden und falten:

– 70 x 6 cm rotes Band, Technik 7
– 80 x 8 cm beige/goldfarbenes Band, Technik 2

Stecken Sie am unteren Rand des Kegels zehn Schuppen des beige-farbenen Bandes fest. Lassen Sie die Schuppenspitze etwa 1,5 cm überstehen. Das rote Band wird in den Schuppenzwischenräumen angeordnet. Arbeiten Sie insge-samt fünfzehn Reihen im Wechsel weiter. Es bleiben am Ende etwa 3,5 cm des Kegels übrig, die mit 10 cm beigefarbenem Band um-wickelt werden. Für die Schleife benötigen Sie 30 cm beigefarbe-nes Band, das mit Golddraht zusammengebunden und mit Nadeln am oberen Ende des Kegels befestigt wird. Legen Sie mit dem dunkelroten Band eine Schleife mit drei Schluppen auf jeder Seite und setzen Sie diese auf die beigefarbene Schleife auf. Als Baumspitze dient ein fertiger Stab aus verschiedenen Holz-scheiben, der lediglich mit ein paar aufgereihten Rocailleperlen verziert und in die Kegelspitze gestochen wird. Sie können sich aber auch eine eigene Verzierung für die Spitze ausdenken – aus glitzernden oder naturfarbenen Perlen etwa, die auf Draht auf-gezogen und in die Kegelspitze gesteckt werden.

Zum Schluß bereiten Sie 36 Na-deln mit je einer Rocaille- und einer Holzperle vor, die Sie gleich-mäßig auf den roten Schuppen verteilen (in jeder Reihe fünf Perlen). Die letzte Perle wird als Abschluß auf die rote Schleife gesteckt. Die Schleifen formen Sie dekorativ.

Weihnachts-maus

So wird's gemacht

Bänder zuschneiden und falten:

– 4 x 8 cm rotes Band, Technik 1
– 1 x 12 cm rotes Band, Technik 1
– 4 x 8 cm weißes Band, Technik 2.

Stecken Sie zwei rote Schuppen am schmalen Teil des halbierten Eies fest. Nach etwa 2,5 cm befestigen Sie die nächsten beiden roten Schuppen. Für die Ohren werden zwei weiße Schuppen etwa 2 cm über den roten Schuppen angelegt und mit Nadeln festgesteckt. Um diese später aufstellen zu können, ist es wichtig, ein Band mit Drahteinlage zu verwenden. Zum Abschluß stecken Sie die große rote Schuppe zwischen den zwei Ohren am »Kopfende« fest. Die Ohren vorsichtig ausformen. Als Augen dienen zwei weiße Rocailleperlen, die mit Hilfe von Stecknadeln aufgesteckt werden. Ziehen Sie drei etwa 7 cm lange Nylonfäden als Barthaare durch den vorderen Teil und fixieren Sie sie mit etwas Klebstoff. Für den Schwanz verknoten Sie ein Ende des 5 cm langen Satinbandstücks und stecken das andere an der Maus fest. Die Anleitung für die lachsfarbene »Ostermaus« finden Sie auf Seite 25.

Die Anleitung für die lachsfarbene »Ostermaus« finden Sie auf Seite 25.

Material

- 1 halbiertes Hartschaum-Ei, 6 cm Länge
- 50 cm rotes Band mit Goldrand und Drahteinlage, 4 cm breit
- 20 cm weiß es Band mit Goldrand und Drahteinlage, 4 cm breit
- 5 cm weißes Satinband, 3 mm breit
- Nylonfaden
- weiße Rocailleperlen
- Stecknadeln

Geschenke, die von Herzen kommen

Herz-schachtel

So wird's gemacht

Deckel

Bänder zuschneiden und falten:
- 31 x 8 cm rosafarbenes Band, Technik 2
- 21 x 7 cm Band mit Blumenmuster, Technik 2

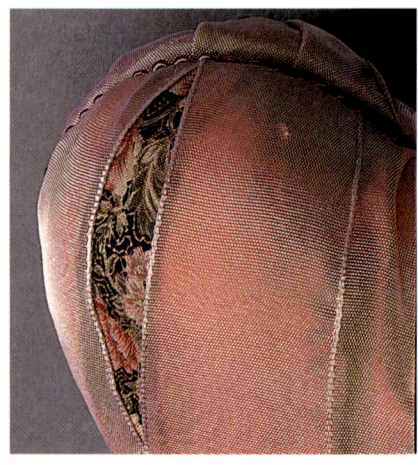

Beginnen Sie am äußeren Schachtelrand, indem Sie von der Herzspitze aus auf jeder Seite zehn Schuppen so anordnen, daß die Schuppenspitze zum Deckelrand zeigt. Wo die Schuppen zusammentreffen, bringen Sie eine letzte darüber an. Die zweite Reihe besteht aus 18 Schuppen mit Blumenmuster, die wie die erste Reihe, allerdings etwa 2,5 cm vom Deckelrand entfernt, angeordnet werden.

Darauf folgt ein dritte Reihe von 10 rosafarbenen Schuppen, etwa 5 cm vom Deckelrand entfernt. Schließen Sie mit drei Blumen-Schuppen ab, wobei die Schuppe als letztes festgesteckt wird, die mit der Spitze nach vorne zeigt. Formen Sie eine etwa 7 cm breite Schleife aus 30 cm rosafarbenem Band, und binden Sie die Schleife mit Blumenband ab, das Sie auf 15 mm Breite

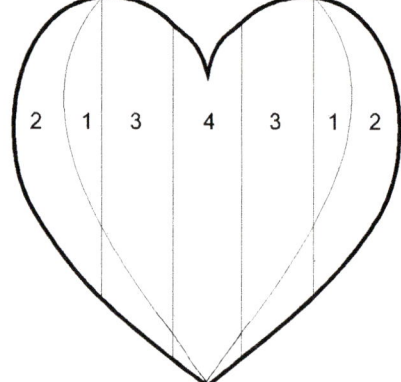

zusammenlegen. Die Schleife wird in die Mitte des Herzdeckels geklebt.

Schachtelunterseite und Fertigstellung

Schneiden Sie sich fünf rosafarbene (2 x 20 cm, 2 x 18 cm und 1 x 19 cm) Bandabschnitte und einen geblümten Abschnitt (13 cm) zu.

Der geblümte Bandabschnitt wird der Länge nach geteilt, so erhalten Sie zwei 1,75 cm breite Streifen. Ordnen Sie die Streifen anhand der Zeichnung und der darauf befindlichen Reihenfolge an, wobei mit dem geblümten Band begonnen wird. Kleben Sie die Borte auf den inneren Schachtelrand. Den Innenraum der Herzschachtel können Sie mit Stoff oder Filz ausschlagen.

Kleines Herz

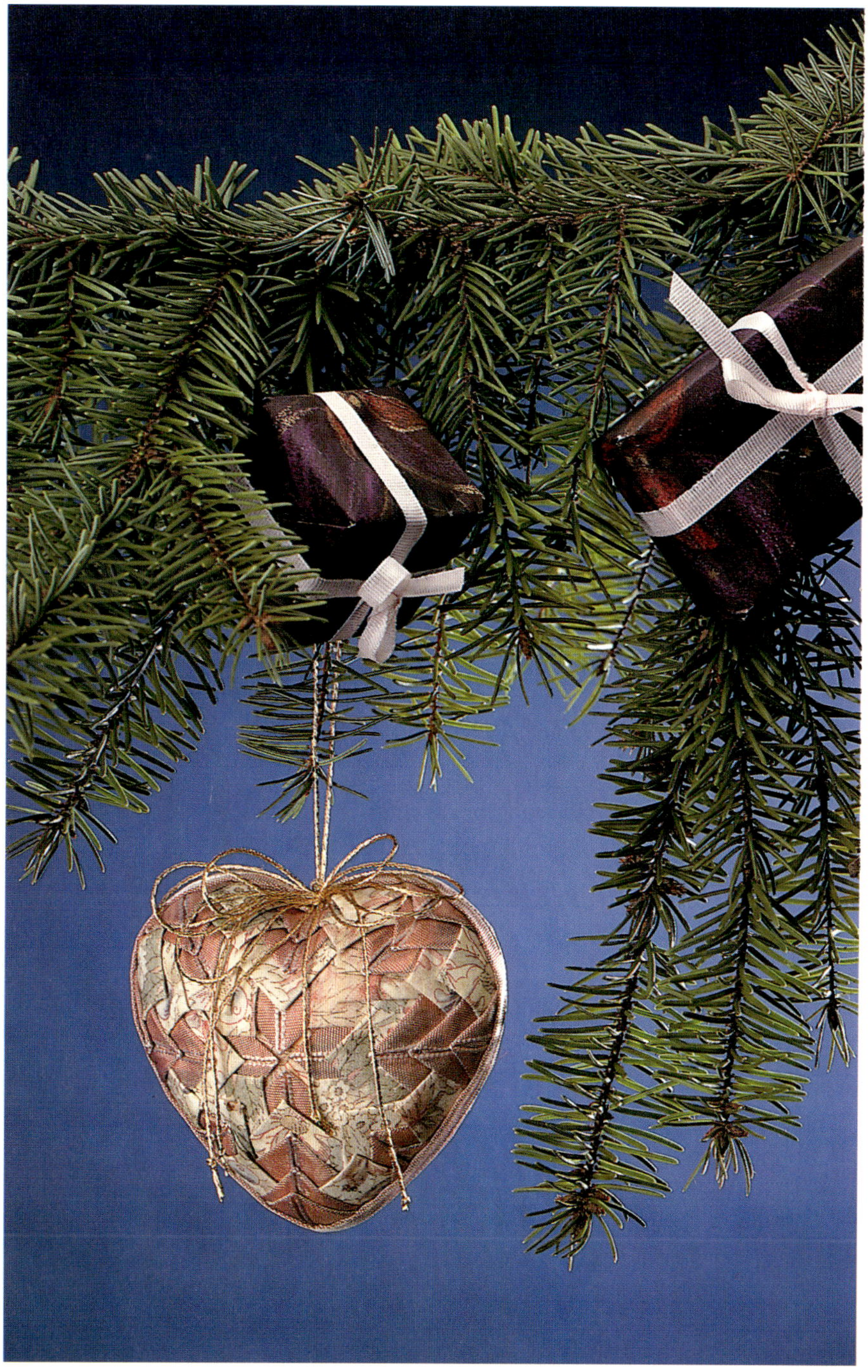

Material

- Herz aus Styropor, 9 cm breit
- 250 cm rosafarbenes Band mit Drahteinlage, 2,5 cm breit
- 130 cm Band mit Blumenmuster, 4 cm breit
- 170 cm Goldkordel, 1 mm Ø
- Stecknadeln

So wird's gemacht

Bänder zuschneiden und falten:

- 1 x 4 cm Blumenband für den Anfang
- 42 x 5 cm rosafarbenes Band, Technik 1
- 48 x 2,5 cm Blumenband, Technik 2

Die Herzmitte wird ermittelt und mit einem Filzschreiber markiert. Stecken Sie das geblümte Quadrat auf dieser Mitte fest. Vier rosafarbene Schuppen werden so festgesteckt, daß sie einander gegenüberliegen. Darauf folgen drei Reihen geblümte Schuppen, die jeweils versetzt angeordnet werden. Stecken Sie acht rosafarbene Schuppen über die letzte Reihe. Die entstandenen Zwischenräume werden mit acht geblümten Schuppen gefüllt. Ordnen Sie sechs weitere rosafarbene Schuppen versetzt an. Am rechten und linken Oberteil des Herzes, wird das Ganze mit zwei bunten Schuppen abgeschlossen. Die Rückseite wird genau gleich gearbeitet. Schneiden Sie die überstehenden Bandenden ab und versäubern Sie den Stoß mit einem 32 cm langen, rosafarbenen Bandabschnitt, den Sie auf eine Breite von etwa 1 cm falten und mit Nadeln feststecken. Für die Aufhängung werden 60 cm Goldkordel zugeschnitten, verknotet und festgesteckt. Aus der restlichen Goldkordel wird eine Schleife gebunden und vor die Aufhängung gesteckt. Verknoten Sie die Kordelenden, damit sie nicht ausfransen.

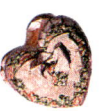

Blaue Schachtel mit Sternenmuster

Material

- Spanschachtel, 20 cm Ø
- 290 cm blaues Taftband, 4 cm breit
- 270 cm roséfarbenes Blumenband, 4 cm breit
- blaue Bastelfarbe
- blauer Moosgummi, 3 mm stark, 20 x 20 cm
- Klebstoff
- Stecknadeln

So wird's gemacht

Bänder zuschneiden und falten:
- 36 x 8 cm blaues Band, Technik 1
- 24 x 8 cm roséfarbenes Blumenband, Technik 1

Die ganze Schachtel – außer der Deckeloberfläche – wird innen und außen mit blauer Bastelfarbe gestrichen. Schneiden Sie aus der Moosgummiplatte einen Kreis in der Größe der Schachteloberfläche zu und kleben Sie ihn auf den Deckel. Auf diesem Unter-grund werden die Schuppen mit Nadeln festgesteckt. Markieren Sie den Mittelpunkt des Kreises und stecken Sie vier blaue Schuppen fest, deren Spitzen sich am Mittelpunkt treffen. Nun folgt eine Runde mit acht Schuppen aus Blumenband. Ordnen Sie darüber acht blaue Schuppen an, so daß sich eine Sternform bildet. Über den blauen Schuppen stek-ken Sie eine weitere Runde aus acht Blumenband-Schuppen fest. In der nächsten Runde werden acht blaue Schuppen »auf Lücke« angeordnet, denen – wiederum versetzt – acht Schuppen aus Blumenband folgen. Zum Ab-schluß werden sechzehn blaue Schuppen aufgesteckt. Versäu-bern Sie den Rand mit 70 cm Blumenband, das Sie auf den Schachtelrand aufkleben.

Rote Schachtel mit Blütenmuster

So wird's gemacht

Die Bänder werden wir folgt zugeschnitten und gefaltet:

- 1 x 4 cm rotes Band für den Anfang
- 21 x 7 cm rotes Band, Technik 2
- 16 x 7 cm rotes Blumenband, Technik 2
- 16 x 7 cm grünes Blumenband, Technik 2

Stecken Sie das rote Anfangsband auf dem Schachtelmittelpunkt fest, und ordnen Sie vier rote Schuppen so um den Mittelpunkt an, daß die Spitzen sich treffen. Nun folgt versetzt je eine Runde mit vier grünen und vier roten Schuppen aus Blumenband. Ordnen Sie dann acht rote Schuppen so an, daß sich eine Sternform bildet. Darauf folgen acht Blumenband-Schuppen wie in der zweiten und dritten Runde. Mit acht roten Schuppen, die in die entstandenen Zwischenräume gesteckt werden, ist der Schachtelrand erreicht. Stecken Sie eine letzte Runde Blumenband-Schuppen fest, die mit der Spitze nach außen zeigen (siehe Foto), und versäubern Sie den Deckelrand mit 48 cm rotem Blumenband. Stecken Sie das Band an der Innenseite fest und schneiden Sie das überstehende Band ab. Für das Schachtelunterteil werden 48 cm rotes Blumenband der Länge nach geteilt und am oberen und unteren Teil der Schachtel festgesteckt. Darüber kleben Sie 48 cm rotes Band rund um die Schachtel.

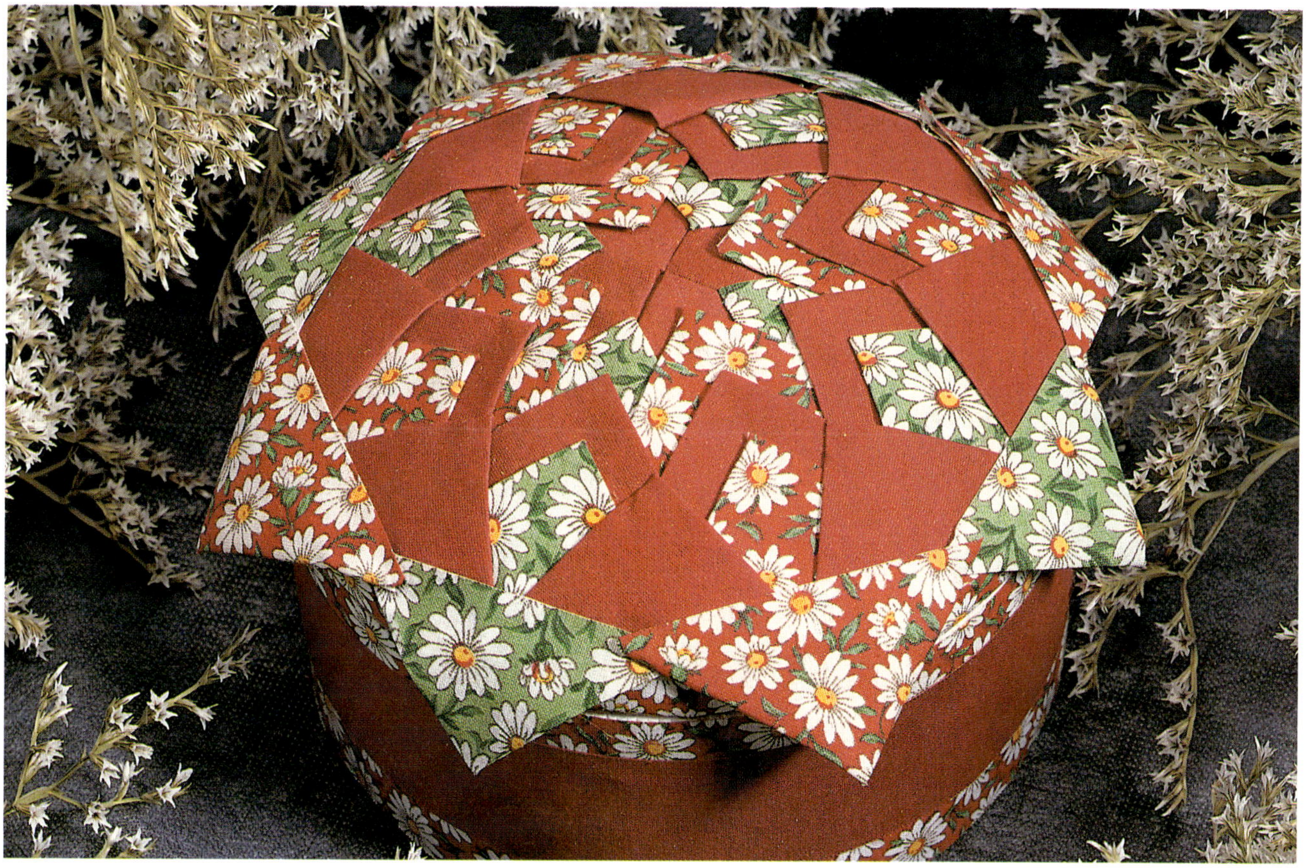

gelegt werden. Da nur die Vorderseite des Hufeisens gestaltet wird, genügen pro Reihe drei Schuppen. Beginnen Sie an einem Ende mit drei grünen Schuppen, die etwa 5 mm über die Spitze hinausragen. Es folgen eine Reihe aus drei blauen Schuppen und eine Reihe, bei der eine weiße Schuppe von zwei blauen Schuppen eingefaßt wird. Die nächste Reihe ist ganz weiß, dann folgen wieder zwei blaue Schuppen, die eine weiße einfassen. Den Abschluß machen eine blaue und eine grüne Reihe. Die andere Seite wird gleich gearbeitet. Umwickeln Sie die Zwischenräume zwischen dem oberen Teil des Hufeisens und den Spitzen mit vier grünen und zwei blauen Bandabschnitten à 13 cm. Das schmale blaue Satinband stecken Sie als Aufhängung an der Rückseite des Hufeisens fest, kleben die beiden Kühe auf und schneiden die beiden Bandenden schräg ab (siehe Foto).

Hufeisen

So wird's gemacht

Bänder zuschneiden und falten:

– 4 x 8 cm grünes Taftband für die beiden Hufeisenspitzen.
– 44 x 8 cm blaues Taftband, Technik 1
– 22 x 8 cm grünes Taftband, Technik 1
– 18 x 8 cm weißes Band, Technik 1

Ermitteln Sie die Hufeisenmitte und markieren Sie die Stelle mit einem Filzschreiber. Beginnen Sie

mit vier weißen Schuppen, die Sie genau in die Mitte stecken, so daß die Spitzen sich treffen. Darauf folgen zwei Reihen blauer Schuppen, wobei die Schuppen der zweiten Reihe in die entstandenen Zwischenräume gesteckt werden. Schließen Sie die Ober- und Unterkante mit zwei grünen Schuppen ab, die Sie an der Rückseite feststecken. Rechts und links des entstandenen blauen Sternes folgen je eine grüne und in dem Zwischenraum zwei weiße Schuppen. Darauf folgen zwei Reihen blaue und eine Reihe grüne Schuppen.
Decken Sie die Enden des Hufeisens mit je zwei grünen Bandabschnitten ab, die über Kreuz

Material

- Hufeisen, 24 cm hoch
- 150 cm weißes Band mit Muster und Drahteinlage, 4 cm breit
- 380 cm blaues Taftband, 4 cm breit
- 260 cm grünes Taftband, 4 cm breit
- 80 cm blaues Satinband, 1 cm breit
- 2 Kühe aus Messingblech
- Stecknadeln
- Heißkleber

Früchte-tüte

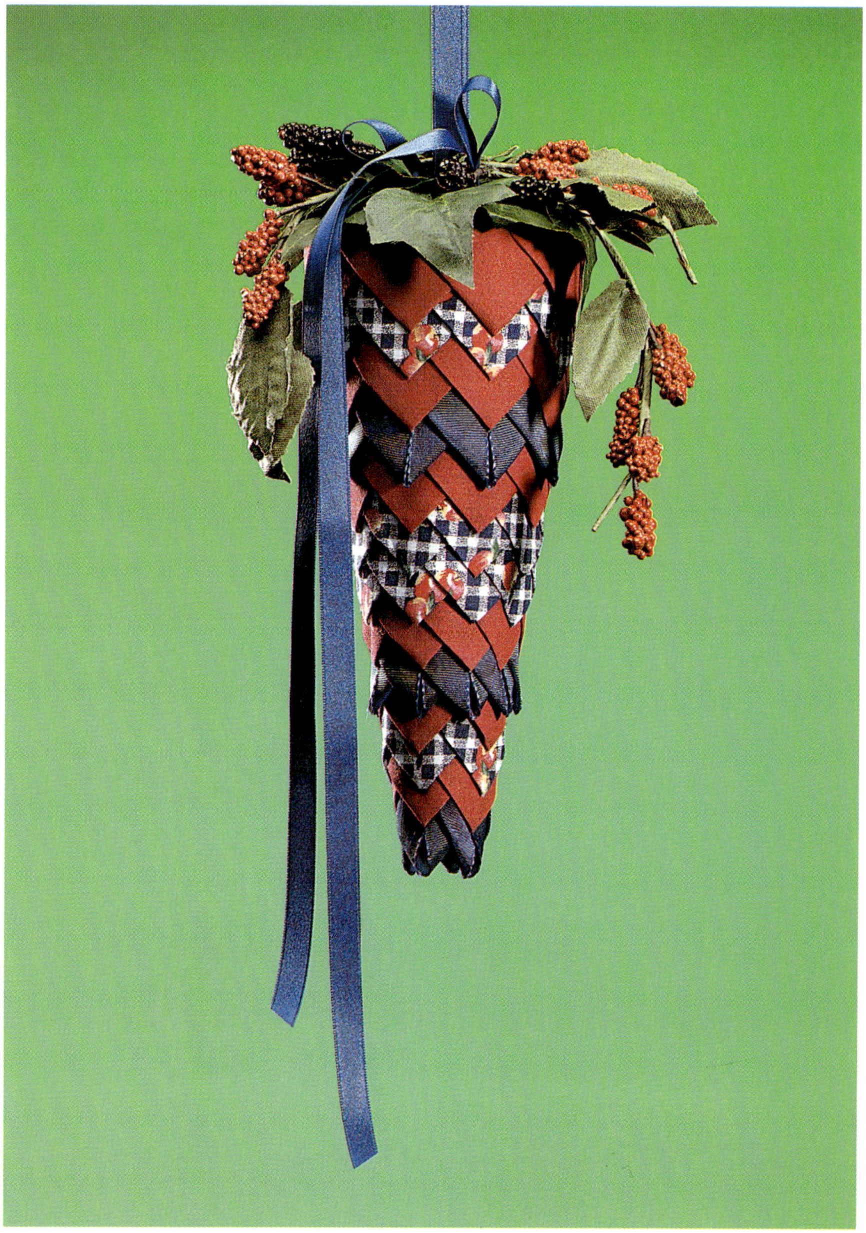

So wird's gemacht

Bänder zuschneiden und falten:

- 1 x 4 cm blaues Band für den Anfang
- 40 x 7 cm rotes Band, Technik 2
- 28 x 7 cm blau-weiß kariertes Band, Technik 2
- 26 x 7 cm blaues Band, Technik 1

Stecken Sie zuerst das blaue Quadrat auf der Kegelspitze fest. Beginnen Sie mit vier blauen Schuppen, die gleichmäßig angeordnet werden und über die Kegelspitze hinausragen (siehe Foto). In den folgenden drei Runden werden eine rote, eine karierte und nochmals eine rote Runde direkt auf der blauen

Runde angeordnet. Erweitern Sie nun die nächste blaue Runde auf acht Schuppen, indem Sie auch in den Zwischenräumen Schuppen feststecken. Auf diese Runde folgen eine rote, zwei karierte, eine rote, eine blaue, eine rote, eine karierte und zum Abschluß nochmals eine rote Runde Schuppen.
Kleben Sie auf die obere Kegelfläche zehn Efeublätter, ordnen

Sie die beiden Beerenranken darauf an und kleben Sie die Ranken mit Heißkleber fest. Für die Aufhängung werden 60 cm des blauen, 1 cm breiten Bandes verknotet und auf der Kegelfläche festgesteckt. Legen Sie aus dem Rest des Bandes eine Schleife, die Sie an der Aufhängung feststecken.

51

Nadelkissen

So wird's gemacht

Bänder zuschneiden und falten:

– 1 x 4 cm blaues Band für den Anfang
– 10 x 8 cm gestreiftes Band, Technik 1
– 10 x 7 cm weißes Band, Technik 1
– 10 x 8 cm weiß-blaues Band mit Entenmuster, Technik 2
– 10 x 8 cm blaues Band, Technik 1

Schneiden Sie 3 cm der Kugel ab, und ermitteln Sie den oberen Mittelpunkt. Stecken Sie das blaue Quadrat auf diesem Punkt fest. Stecken Sie fünf gestreifte Schuppen sternförmig um den Mittelpunkt. Sie dürfen einander leicht überlappen. Es folgen versetzt eine Reihe gestreifter Schuppen, zwei Reihen weiße Schuppen, zwei Reihen Schuppen aus »Entenband« und zwei Reihen blaue Schuppen, die an der glatten Unterseite festgesteckt werden. Achten Sie darauf, daß auch die Schuppenspitzen festgesteckt werden.

Kerzenständer

So wird's gemacht

Bänder zuschneiden und falten:

– 12 x 5 cm gestreiftes Band, Technik 7
– 12 x 5 cm weiße Spitze, Technik 7
– 12 x 4 cm goldenes Band, Technik 7
– 12 x 5 cm kariertes Band, Technik 7
– 18 x 5 cm blaues Band, Technik 7
– 6 x 8 cm blaues Band, Technik 1

Kürzen Sie den Kegel auf 11 cm und bestecken Sie die entstandene Fläche mit sechs blauen Schuppen (Technik 1). Die Schuppenspitzen zeigen etwa 1,5 cm nach außen. Darauf wird nun der Kerzenhalter geklebt. Als Alternative kann auch eine Aluminium- oder Glasschale für Teelichte dienen. Stecken Sie nun eine Runde gestreifter Schuppen in dem entstandenen Zwischenraum fest, wobei diese etwa 1,5 cm über den Kegelrand hinaus ragen. Es werden versetzt nochmals eine Runde gestreifter Schuppen, zwei Runden blauer Schuppen, zwei Runden Spitze, zwei Runden gestreifter Schuppen und zwei Runden goldener Schuppen angeordnet. Zum Abschluß folgt eine letzte Runde blauer Schuppen, die an der Kegelunterseite festgesteckt wird. Bei diesem Modell können Sie gut Reste verarbeiten.

Experimente mit Material und Technik

Grüne Schachtel mit Flecht- deckel

So wird's gemacht

Deckel

Bänder zuschneiden und falten:

– 10 x 8 cm grünes Taftband, Technik 1

Die Flechttechnik ist eine sehr freie Technik, jedes Modell hat seinen eigenen Charakter und wird deshalb einzigartig. Sind Sie ruhig mutig und verwenden Sie verschiedene Materialien. Das einzige, worauf Sie achten sollten, ist die Farbkombination. Hier wurde hauptsächlich Grün mit Ecru, Beige, Braun und ähnlichen Naturtönen kombiniert. Manche Bänder wurden verknotet, verdreht, umwickelt oder abgebunden. Genauso können Sie Federn,

Ingwerstücke, Zimtstangen oder ähnliches unter die Bänder stecken, Perlen oder Knöpfe einarbeiten.

Die Bänder sollten etwa 20 cm lang sein und werden locker am Schachtelrand festgesteckt. Beginnen Sie mit der Schachtelmitte, indem Sie ein Band feststecken. Arbeiten Sie nun über Kreuz weiter, indem Sie das Flechtwerk nach außen hin erweitern. Wenn Sie an allen Schachtelrändern angekommen sind, stecken Sie die Bänder sauber am Rand fest. Verrutschende Bänder können Sie auch auf dem Deckel unsichtbar feststecken. Stecken Sie an zwei gegenüberliegenden Schachtelecken vier grüne Schuppen, in den beiden anderen Ecken je eine Schuppe fest. Je 40 cm beigefarbenes Taftband werden auf etwa 1 cm Breite gefaltet, rund um den Deckelrand festgesteckt, an den beiden gegenüberliegenden

Ecken zu dekorativen Knoten gebunden und nicht zu kurz abgeschnitten.

Schachtel

Bänder zuschneiden und falten:

– 14 x 8 cm grünes Taftband, Technik 1

Kleben Sie rund um die Seitenwände der Schachtel 60 x 7 cm Reismatte. An zwei gegenüberliegenden Ecken wird je eine Schuppe angebracht, deren Spitze nach oben zeigt und deren Unterkante unter dem Boden der Schachtel festgesteckt wird. Ordnen Sie an den beiden anderen Ecken je sechs grüne Schuppen in Dreiecksform an, und stecken Sie die unteren drei am Boden der Schachtel fest. Die Schachtel kann nach Belieben entweder mit Filz oder Stoff ausgeschlagen, aber auch mit Farbe ausgemalt werden.

Kugel in Kombinations-technik

Material

- Kugel aus Styropor, 10 cm Ø
- 160 cm grünes Taftband, 4 cm breit
- 5 cm Reismatte, 70 cm breit
- 120 cm verschiedene Bänder, Kordeln und Schnüre
- Naturbast
- 40 cm grüner Bambusstab, 5 mm Ø
- Ingwerstücke
- Stecknadeln
- Heißkleber

So wird's gemacht

Bänder zuschneiden und falten:

– 20 x 8 cm grünes Taftband, Technik 1
– 8 x 8 cm Reismatte, Technik 1

Für die Flechttechnik bei der Kugel gilt das gleiche wie für die Schachtel. Die Bänder sollten auch etwa 20 cm lang sein und locker über die obere Kugelhälfte festgesteckt werden. Beginnen Sie mit dem ersten Band, das Sie auch in der Mitte etwas fixieren sollten. Arbeiten Sie nun über Kreuz weiter, indem Sie das Flechtwerk nach außen hin erweitern. Wenn Sie etwa die halbe Kugel bedeckt haben,

stecken Sie die Bänder sauber an der Kugel fest. Um das Verrutschen der Bänder zu verhindern, können Sie diese mit ein paar Nadeln fixieren. Stecken Sie vier grüne Schuppen gleichmäßig verteilt um den mittleren Kugelrand. In den Zwischenraum werden nochmals vier grüne Schuppen gesteckt. Es folgen versetzt vier grüne Schuppen, vier Reismattenschuppen, vier

grüne Schuppen, vier Reismattenschuppen und zum Abschluß nochmals vier grüne Schuppen. Der Bambusstab wird in die untere Kugelmitte gestochen und mit Heißkleber fixiert. Binden Sie eine üppige Schleife aus einem dicken Strang Naturbast, die Sie unten an der Kugel festkleben. Lassen Sie etwa 30 cm des Bastes fransenartig am Steckstab herunterhängen.

58

Tagebuch

So wird's gemacht

Papier zuschneiden und falten:

– 2 Dreiecke, weißes Papier,
  12 cm breit, 6 cm hoch
– 10 x 6 cm buntes Geschenkpapier, 3 cm breit, Technik 2
– 4 x 6 cm Packpapier, 3 cm
  breit, Technik 2

Binden Sie das Buch mit grünem
Geschenkpapier ein. Auf den
weißen Dreiecken werden zuerst
drei bunte Schuppen, dann zwei

Packpapierschuppen und nochmals zwei bunte Schuppen angeordnet. Die beiden fertig beklebten
Dreiecke werden auf die
Buchvorderseite geklebt. Ziehen
Sie etwa 10 cm Schnur durch
eine Holzperle und binden Sie
die Schnur am Ende mit Bast ab.
Zwei solcher Perlen werden auf
die Dreiecke geklebt (siehe Foto).
Für die Laschenhalterung werden
zwei Perlen auf 11 cm Schnur
aufgezogen, in der Mitte abgebunden und auf die rechte Buch-
mitte geklebt. Die Lasche besteht
aus einem 13 cm langem und
4 cm breiten Streifen des bunten
Geschenkpapiers. Falzen Sie
dieses Stück auf eine Breite von

2 cm, formen Sie auf einer Seite
eine Spitze und kleben Sie die
Lasche auf die letzte Buchinnen-
seite.

Material

- Buch oder Heft DIN A 5
- Geschenkpapier, farbig
- Geschenkpapier, grün
- Packpapier
- Papier, weiß
- 4 Holzperlen, 8 mm Ø
- 25 cm gelbe Schnur
- Naturbast
- Klebstoff
- Schere

Violette Karte mit Tischkarte

So wird's gemacht

Papier zuschneiden und falten:

- 1 Dreieck, 5 cm breit, 6 cm hoch, lachsfarbenes Tonpapier
- 1 Dreieck, 4 cm breit, 5 cm hoch, lachsfarbenes Tonpapier
- 13 x 6 cm Japanpapier, 3 cm breit, Technik 2

Beginnen Sie mit der großen Karte. Kleben Sie rechts und links, etwa 2,5 cm vom Kartenrand entfernt, je drei Schuppen in einem leichten Bogen zur Mitte hin auf. Eine siebte Schuppe wird in die Mitte geklebt, wobei die Spitze etwa 9 cm vom oberen Kartenrand entfernt ist. Auf diese Schuppenspitze wird exakt das große Tonpapierdreieck geklebt. Mit der achten Schuppe wird der obere Teil des lachsfarbenen Dreiecks abgedeckt.

Für die Tischkarte werden fünf Schuppen in einem leichten Bogen angeordnet, wobei die erste Schuppenspitze etwa 15 mm von links und etwa 6 mm vom oberen

Material

- Karte, violett, DIN A 6 (oder DIN A 5 auf die Hälfte gefaltet)
- Tischkarte, violett, 10 cm breit
- Tonpapier, lachsfarben
- Japanpapier, fliederfarben
- Klebstoff, Schere

Falzrand entfernt ist. Das kleine Tonpapierdreieck wird hinter die oberste Schuppe geklebt. Nun können beide Karten mit einem Gold- oder Silberstift beschriftet werden.

Orange-farbene Karte mit Tischkarte

So wird's gemacht

Papier zuschneiden und falten:

- 1 Quadrat, 7,5 x 7,5 cm, weißes Papier
- 1 Quadrat, 3 x 3 cm, weißes Papier
- 8 Dreiecke, 6 cm breit, 3 cm hoch, Reismatte
- 12 x 6 cm Naturpapier, 3 cm breit, Technik 2
- 1 Quadrat, 3 x 3 cm, Reismatte
- 8 x 3 cm Naturpapier, 1 cm breit, Technik 2

Kleben Sie für die große Karte in die Mitte des 7,5 x 7,5 cm großen Quadrates vier große Schuppen Naturpapier. Auf diesen Schuppen und in den Zwischenräumen werden insgesamt acht große Dreiecke aus Reismatte geklebt. Kleben Sie nochmals vier Schuppen auf die zweite Reihe Reismatte und schneiden Sie die überstehenden Papierreste ab. Das entstandene Rechteck wird auf die Karte geklebt, siehe Foto. Anschließend kleben Sie weitere vier Schuppen mit der Spitze nach innen zeigend auf. Ziehen Sie 5 cm lange Baststücke durch die große Holzperle und kleben diese auf der unteren Schuppe fest.

Bei der Tischkarte wird 3 x 3 cm großes Quadrat mit Reismatte beklebt. Kleben Sie hierauf vier kleine Schuppen aus Naturpapier und schneiden Sie den überstehenden Rest ab. Das Quadrat wird

Material

- Karte, orange, DIN A 6 (oder DIN A 5 auf die Hälfte gefaltet)
- Tischkarte, orange, 10 cm breit
- weißes Papier
- naturfarbenes Papier
- Reismatte
- 1 Holzperlen, 6 mm Ø
- 1 Holzperlen, 8 mm Ø
- Naturbast
- Klebstoff
- Schere

diagonal auf die Tischkarte geklebt. Befestigen Sie die restlichen vier Schuppen auf dem Quadrat, wie auf dem Foto zu sehen. Ziehen Sie 3 cm lange Baststücke durch die kleine Holzperle und kleben Sie diese auf der unteren Schuppe fest.

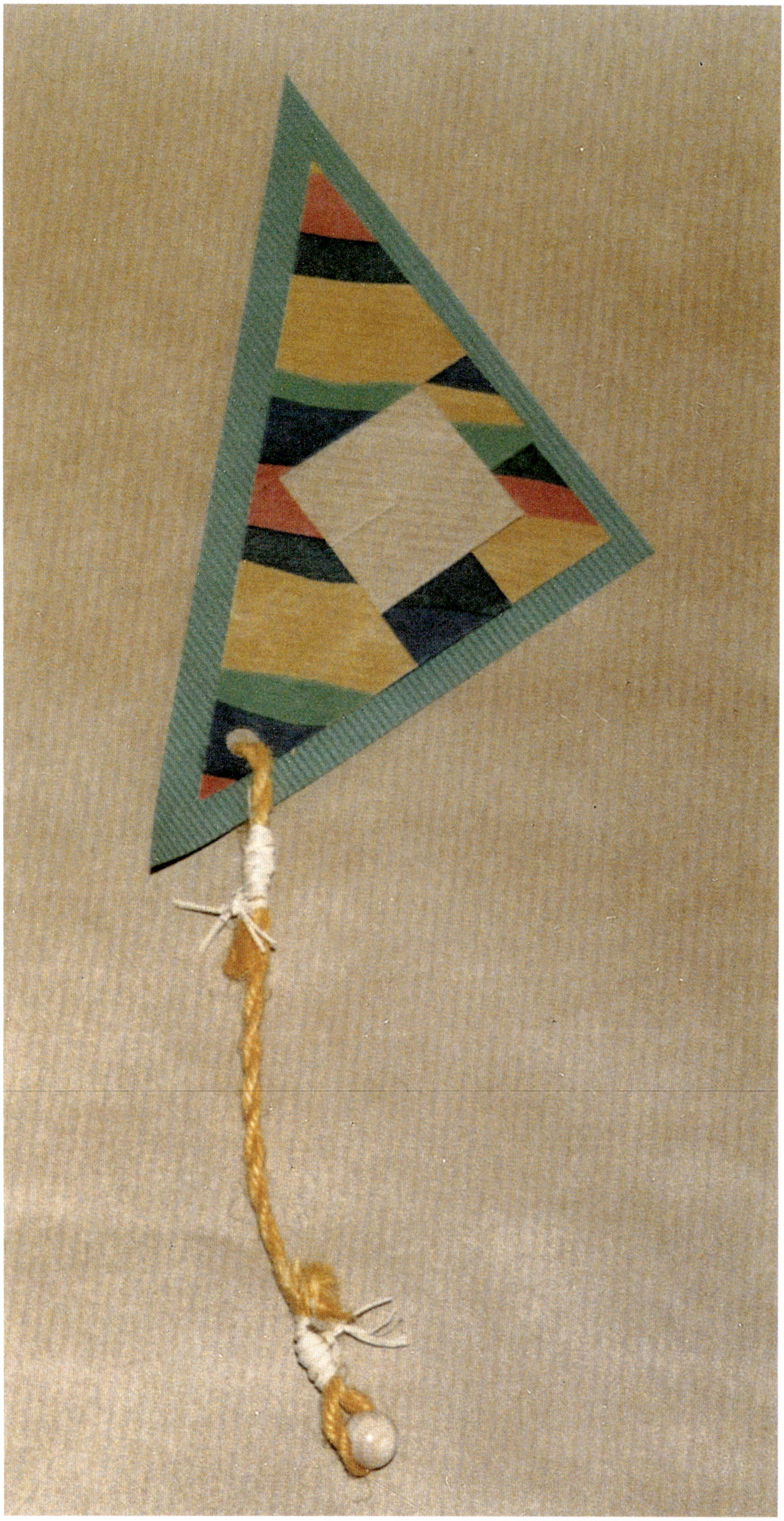

Grünes Buchzeichen

So wird's gemacht

Papier zuschneiden und falten:

- 1 Dreieck, grünes Geschenkpapier, 14 cm breit, 7 cm hoch
- 5 x 6 cm buntes Geschenkpapier, 3 cm breit, Technik 2
- 2 x 6 cm Packpapier, 3 cm breit, Technik 2

Kleben Sie auf das grüne Dreieck zuerst drei bunte Schuppen, dann zwei Packpapierschuppen und nochmals zwei bunte Schuppen, wie es das Foto zeigt. Die zweite Packpapierschuppe sollte entsprechend der benötigten Höhe gekürzt werden. Lochen Sie das fertige Dreieck etwa 3 cm von der unteren Spitze entfernt. Ziehen Sie 15 cm Schnur durch das Loch und binden Sie die Schnur mit Bast ab. Am anderen Schnurende wird eine Perle aufgezogen und ebenfals mit Bast abgebunden.

Material

- Geschenkpapier, farbig
- Geschenkpapier, grün
- Packpapier
- 1 Holzperle, 8 mm Ø
- 15 cm gelbe Schnur
- Naturbast
- Klebstoff
- Schere

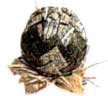

Buch-zeichen aus Zeitungs-papier

So wird's gemacht

Papier zuschneiden und falten: Grundform entsprechend der Zeichnung, altrosafarbenes Briefpapier

– 10 x 6 cm altrosafarbenes Briefpapier, 3 cm breit, Technik 3
– 19 x 6 cm Zeitungspapier, 3 cm breit, Technik 3

Der Mittelpunkt des Ornaments befindet sich etwa 5 cm unterhalb der einen Schmalseite des Achtecks. Ordnen Sie zwei Runden Zeitungspapierschuppen à vier Schuppen versetzt an. Darauf folgen zwei Runden altrosafarbener Schuppen. Als oberer Abschluß dient eine Schuppe aus Zeitungspapier.

Unterhalb des Sternes werden drei Schuppen Zeitungspapier geklebt. Ordnen Sie auf Höhe der mittleren Schuppe eine altrosafarbene Schuppe an. Es folgen drei Reihen Zeitungspapier, eine altrosafarbene Schuppe und zum Abschluß nochmals zwei Schuppen aus Zeitungspapier. Schneiden Sie die überstehenden Papierenden ab und befestigen Sie auf der Rückseite drei an unterschiedlich langen Garnfäden festgebundene Buchstaben.

Material

- Briefpapier, altrosa
- Zeitungspapier
- 30 cm Stickgarn, zartrosa
- 3 Buchstaben aus Moosgummi
- Klebstoff
- Schere

Die Deutsche Bibliothek –
CIP-Einheitsaufnahme
Artischockentechnik : mit Bändern
dekorieren ; Tisch- und Raumschmuck ;
Schachteln / Stephanie Kraft. – Augsburg :
Augustus-Verl., 1996
ISBN 3-8043-0453-2

Autorin und Verlag danken der Firma
Rayher Hobby GmbH, Laupheim, für das
zur Verfügung gestellte Material.

Fotografie: Klaus Lipa, Augsburg
Lektorat: Helene Weinold-Leipold
Umschlaggestaltung:
Christa Manner, München
Layout: Monika Pitterle, München

Augustus Verlag Augsburg 1996
© Weltbild Verlag GmbH, Augsburg

Satz: Gesetzt aus 10,5 Punkt Usherwood
Book in QuarkXPress von BuchHaus
Robert Gigler GmbH, München
Reproduktion: Colorline, I-Verona
Druck und Bindung: Himmer, Augsburg

Gedruckt auf 120 g umweltfreundlich
chlorfrei gebleichtes Papier.

ISBN 3-8043-0453-2

Printed in Germany